教育部人文社会科学重点研究基地重大项目
《西方古代学术名著译注》（19JJD770002）
重要成果

2020年度国家出版基金资助项目

西方古典
译丛

国家出版基金项目
NATIONAL PUBLICATION FOUNDATION

总主编　杨共乐

ABRIDGEMENT OF ROMAN HISTORY

罗马历史简编

[古罗马] 尤特洛庇乌斯　著

李艳辉　译

北京师范大学出版集团
BEIJING NORMAL UNIVERSITY PUBLISHING GROUP
北京师范大学出版社

题　记

　　西方古典文明是人类文明的重要组成部分，为西方文明的源头，对后世影响巨大。古代希腊与罗马的神话、史诗、历史、文学、演说、法律等无不成为近代以来西方文化的经典与范本，对西方文化起着重要的规范作用。就学习和研究西方文明的学者而言，古代希腊与罗马显然是不可忽视的对象。"言必称古希腊与罗马"与"言必称夏、商、周三代"同样重要。

　　百余年来，尤其是中华人民共和国成立以来，为了使我国的公众更多地了解西方文化，我们的前辈学者或译介文献，解读思想，或出版论著，阐释心得，已经做了许多基础性的建设工作。其工作之细、著译之丰着实令人叹服。

　　从20世纪50年代起，北京师范大学历史系就开始组织力量，着力译介和研究古代希腊与罗马的相关学说，并逐渐产生影响，成为我国西方古典学研究的重镇。刘家和先生、李雅书先生、马香雪先生都是在西方古典学译介和研究领域成就卓著的学者。1984年，我有幸考入北京师范大学历史系，成为李雅书先生的学生。廖学盛先生、马香雪先生都是我们的语言老师。先生们对外语要求极严。在他们的严厉督促和鼓励下，我们背单词，读拉丁，抠古希腊语法，搞翻译训练，整天忙碌，不亦乐乎。后来，我也把这种方法运用到学生的培养上，慢慢探索，不断提高，取得了较好的成绩。现在呈现在读者面前的

"西方古典译丛"都是我们在数年翻译训练的基础上，细致打磨、反复推敲的作品，希望对我国的古典学研究有所帮助。

在翻译过程中，为了搞清英文表达的逻辑结构，并努力把握古典文献相关概念的正确内涵以及各国典章制度的史源流变，我们向专家请教，向前贤求道，除了使用主要的英译本外，还参阅了其他能够找到的相关译本或注释本。我们深知，翻译是一项极其艰苦但又十分神圣的事业，是译者与古典作者思想心灵间的交流，是译者与文字、文献乃至西方古代文化之间的对话，因此对译编者的要求极高。对于"西方古典译丛"，我们尽管进行了多次审校，但不够准确和完美的地方肯定不少，敬请读者批评指正。

杨共乐

北京师范大学史学理论与史学史研究中心

2022 年 12 月 26 日

中译者序

尤特洛庇乌斯(Eutropius)，公元 4 世纪后期罗马帝国历史学家，可能生于高卢。他曾任君主君士坦丁一世的秘书；后得到君主背教者朱利亚努斯的赏识，于公元 363 年跟随其远征波斯；又曾任君主瓦伦斯的秘书，并在后者的命令下于 369 年或 370 年撰写史著。他的数部著作中仅有《罗马历史简编》传世。

《罗马历史简编》是一部罗马历史的简略汇编，含 10 卷，叙述了从罗马建城到公元 364 年君主约维亚努斯去世之间的历史，成书于公元 370 年，被作者题献给瓦伦斯。此书专注于战争、外交等国之大事，叙事整体较为可信，但也存在某些细节讹误，在有损罗马荣誉之处有所曲笔。书中材料可能源自李维、弗洛鲁斯及已佚的较晚近的后世作家。此书并非罗马历史学的代表性著作，但在公元 4 世纪普遍缺乏历史学杰作的背景下占有重要地位，在作者当世即被译作希腊文，此后又有重译。它对后世史家有较大影响，被吕基亚人卡庇托改写，又曾被哲罗姆、保罗·奥罗西乌斯、西班牙人伊西多鲁斯和保罗·狄亚科诺斯所使用。此书在后世流传广泛，几乎在所有欧洲语言中皆有译本，目前汉译本有谢品巍译本([古罗马]尤特罗庇乌斯:《罗马国史大纲》，上海：上海人民出版社，2011 年)。

本书的翻译以沃特森英译本(*Justin, Cornelius Nepos, and Eutropius*，J. S. Watson trans.，London：Henry G. Bohn，York

Street，Covent Garden，1853）为底本，参阅了伯德英译本（Eutropi-us，*Breviarium*，H. W. Bird trans.，Liverpool：Liverpool University Press，2011）及谢品巍汉译本。

    本书的翻译经历了 10 余年时间，在此期间译稿几经修订，倾注了译者的心血。然而限于译者水平，错误、不足之处在所难免，望广大读者批评指正。在漫长的翻译过程中，我的导师杨共乐、刘爱兰两位先生，以及身边所有的师友给予了我无私的帮助和大力的支持。杨共乐先生的持续指导和不断鼓励更是支撑我在学术道路上不断前行的重要力量。我的父母，以及我的爱人韩雨晴女士一直默默支持我的工作，为我提供了温暖的家庭氛围，使我能够全身心地投入到文献翻译和学术研究之中。在本书即将付梓之际，我要向所有帮助和支持过我的师长、亲友致以最诚挚的谢意！

李艳辉

2024 年 1 月 7 日于泉城

尤特洛庇乌斯生平及著作概述

　　我们从尤特洛庇乌斯本人①那里得知他曾在朱利亚努斯麾下服役，并随后者远征东方，又从乔治·科狄诺斯(Georgius Codinus)的《论君士坦丁堡的起源》②发现他此前曾作为君士坦丁大帝的秘书，ἐπιστολογζάφος。他在瓦伦提尼亚努斯及瓦伦斯在位期间仍在世，并且将此书题献给后者。关于他的个人历史我们所知仅此而已。

　　试图探究他的出生时间与出生地毫无意义。苏伊达斯(Suidas)称他为Ἰταλὸς σοφιστὴς，而我们可以将此语译为"一位意大利著名作家"；然而正如法布利基乌斯等人所言，苏伊达斯之所以这么称呼他，可能只是因为他用拉丁语写作。《法国文学史》③的作者们希望以叙马科斯(Symmachus)为依据证明他是奥索尼乌斯(Ausonius)的同乡，出生于波尔多附近；而维涅图斯(Vinetus)以他的名字及其他推断为依据，可能认为他是一个希腊人；然而，支持这两种假设的观点都不值一提。一如尤斯丁(Justin)，他也只有一个名字；因为即使被西戈尼乌斯(Sigonius)和卜尼法斯(Boniface)称为弗拉维乌斯·尤特洛庇乌斯，但"弗拉维乌斯"缺乏足够的权威支持。④

　　正如沃西乌斯(Vossius)所言，有人试图以根那狄乌斯(Gennadius)⑤为依据证明他是奥古斯丁(Augustin)的一个弟子。然而奥古斯丁的活跃时期并不早于公元4世纪末5世纪初，而在此期间尤特洛庇乌

---

① 卷 x. c. 16。
② Ed. Par. fol. p. 9；Test. Vet. apud Verheyk.
③ 第1卷，第220页；Tzschucke, Prolegom. in Eutrop. p. iii., v.
④ Tzschucke, p. iii.
⑤ 《教会名人传》。

斯必定要么已经去世，要么已是垂垂老矣。其他人则根据尤特洛庇乌斯说朱利亚努斯 *nimius insectator religionis Christianae*（他［严厉地］迫害基督教）①，试图证明他是一个基督徒，然而 *nimius* 一词并未见于诸最佳手稿，而且即便见于诸最佳手稿也意义不大。

实际上，似乎可以明显看出尤特洛庇乌斯必定不是一个基督徒而是一个异教徒。沃西乌斯说道："他并未注意那 10 次迫害，在对约维亚努斯的记载中②明显支持那些不实的说法。"然而他作为异教徒的直接证据被拜占庭历史学家之一尼克弗鲁斯·格勒戈拉斯（Nicephorus Gregoras）③在一篇论君士坦丁大帝性格的演说中提供。后者在演说中提到，尤特洛庇乌斯所说的支持君士坦丁的话尤其值得关注，因为它们出自这样一位作家之口：他因宗教信仰不同，διάτε τὸ τῆς θζησκείς ἀχοινώνητον，并且作为朱利亚努斯的同代人和支持者，διά τὸ ἡλικιώτην καὶ αἰζεσιώτην Ἰουλιάνου γένεσθαι，必然对君士坦丁怀有某种敌意。尼克弗鲁斯还称他为一个希腊人或异教徒（Gentile），Ἕλλην καὶ ἀλλοφύλου θζησκείας τζόφιμος，并且字里行间透露出自己所说的必定是这位历史学家尤特洛庇乌斯。

根据苏伊达斯的说法，他除了《罗马历史简编》之外还另有撰述，但著作内容不详。普利斯基亚努斯（Priscian）曾引述一个名曰尤特洛庇乌斯的权威作家论证字母 x 的发音，但并未暗示他就是这部史书的编纂者。尤特洛庇乌斯是否曾如其在篇末承诺的那样以一种更为崇高的文风撰述该书，目前尚不清楚。

作为一名历史学家，他在史实和年代方面犯了一些错误，但总体而言是可信的，只是对一些令罗马不光彩的说法进行了忽略或矫饰。他的错误被舒克（Tzschucke）④进行了详尽的说明。

---

① 尤特洛庇乌斯，《罗马历史简编》，x. 16。
② 尤特洛庇乌斯，《罗马历史简编》，x. 17。
③ Test. Vet. apud Verheyk.
④ p. xxvi. seqq

　　他的文风是准确和足够凝练，但使用了一些拉丁语中较为晚近的词汇和表述。这些词汇如 *medietas* 和 *dubietas*。然而如果考虑到他生活的时代有多么晚，我们可能宁愿赞扬他极少有这样的特点，而不是责怪他已经暴露出来的那些问题。

　　他的文本一直处于一种非常残破的状态，直到 1516 年伊格那提乌斯(Ignatius)和 1546 年绍恩霍维乌斯(Schonhovius)努力将其从鲍鲁斯·狄亚科努斯(Paulus Diaconus)等人附着于其上的无关内容中清理出来。现在的最佳版本包括哈维坎普(Havercamp)1729 年本，维尔西克(Verheyk)1762 年、1793 年本以及舒克 1796 年、1804 年本。

　　尤特洛庇乌斯的文本曾两次分别被卡庇托·吕基奥斯(Capito Lycius)①和派亚尼奥斯(Paeanius)被翻译成希腊文。前者的译本已经佚失，后者的译本几乎完整存世并且被印于克拉利乌斯(Cellarius)和维尔西克的版本之中。

　　尤特洛庇乌斯的文本分别于 1564 年、1722 年和 1760 年被尼古拉斯·海沃德(Nicolas Hayward)、克拉克(Clark)和托马斯(Thomas)翻译成英文。其中克拉克英译本被多次重印。这些译本都不值得特别关注。

---

　　①　苏伊达斯，Καπίτων 词条。

献给君主瓦伦斯(Valens)陛下，
至伟的、永远的奥古斯都(Augustus)①

尊奉仁厚的陛下②您的圣意，我已经按照时间顺序将罗马历史进行了简要叙述。书中所涉史事皆有关战争或和平，看似最值得关注，时间跨度为自建城到当代。我还简要补充了诸位元首生平中一些卓越的事迹。这样，仁慈的陛下您的神圣内心会高兴地发现，您在通过阅读熟悉这些史事之前，已经在帝国的治理中效法了历史伟人的光辉范例。③

---

① 标题为：*Domino Valenti Maximo Perpetuo Augusto*。关于最后二词，舒克这样注道："塞克斯图斯·鲁弗斯(Sextus Rufus)(他著有一部献给瓦伦斯的 *Breviarum de Victoriis et Provinciis Populi Romani*)在献词中将 *Perpetuo Augusto* 写成 *Semper Augusto*。德国人会说 *Allzeit Mehrer des Reichs*。见 Pütman *De Titulo* Semper Augustus, p. 60。"舒克显然将 *perpetuo* 视为形容词，将其等同于 *semper*。然而，克拉利乌斯等人将其视为副词。克拉利乌斯引述了格鲁特尔的内容以与之比对：Inscript. p. 285，note 8，*D. N. Valentiniano Perpetuo ac Felici Semper Augusto*，and p. 279，note 4，*Aeterno Imperatori Nostro Maximo Optimoque Principi Aurelio Valeriano Diocletiano*；他又补充道，在 Reines. Class. Inscr. iii. 62 中，特奥多西乌斯(Theodosius)被称为 *perennis Princeps*。我因此将 *Perpetuo* 视为副词。克拉利乌斯、维尔西克等人所编校的塞克斯图斯·鲁弗斯的献词也有 *Perpetuo Semper Augusto* 之内容。

② *Mansuetudinis tuae.*]同样的，几行文字之后他又说 *Tranquillitatis tuae mens divina*(仁慈的陛下您的神圣内心)。这种称号的使用始于提比略即位后不久，并逐渐为后期罗马文学所习用。它们是我们时代"殿下""陛下""阁下"等称号的鼻祖。

③ 尤特洛庇乌斯无论打算如何奉承瓦伦斯，他都不可能比如此措辞表现得更好。为此，阿米亚努斯·马尔克利努斯(Ammianus Marcellinus)将尤特洛庇乌斯描述为 *subrusticus homo* (xxix. 11——中译者)，以及 *Subagrestis ingenii, nec liberalibus studiis eruditus* (xxxi. 41——中译者)——维涅图斯。有人质疑这段对瓦伦斯献词的真实性，因为希腊文译者并未将其纳入文本之中；然而，诸手稿的权威性以及此段文字在文风方面与尤特洛庇乌斯的一致性使得克拉利乌斯、维尔西克、舒克及大多数其他义疏作家相信它的真实性。

目　录

卷 I

I. 在人们的记忆中，没有什么比初创时的罗马帝国更加渺小，也没有什么比拓展至囊括整个世界的罗马帝国更加广大。她的初建者是罗慕路斯（Romulus），这是一位维斯塔贞女（vestal virgin）之子，而且据信其父亲为马尔斯（Mars），又有一名孪生兄弟勒穆斯（Remus）。后来，他在牧人中间以劫掠为生，在 18 岁的时候于帕拉丁山丘（Palatine hill）建立了一座小城。当时是第 6 个奥林匹亚季（Olympiad）第三

1

年中的 4 月 21 日，特洛伊(Troy)毁灭之后的第 394 个年头。①

II. 他[罗慕路斯]②以自己的名字将所建之城命名为罗马，建城之后他大致采取了以下措施。他将大量周边居民纳入城中；选择了 100 位年长的男子，以他们为顾问处理所有事务，又因其年长而称他们为元老(senators)。接下来，由于自己以及人民都未娶妻，他便邀请邻近诸部落入城观看一场赛会，其间抢夺了他们中的少女。③ 这一抢夺女子的暴行引发了战争。罗慕路斯在战争中击败了凯尼那人(Caeninenses)、安特姆奈人(Antemnates)、克鲁斯图美里乌姆(Crustumini)人、萨宾人(Sabines)、费德奈人(Fidenates)以及维伊人(Vejentes)。所有这些民族的市镇全都位于罗马城周围。在他在位的第 37 个年头，经历了一场突如其来的暴雨之后，他再也不见踪影④。据信他升天成神，于是人们将他神化。后来，元老们以 5 日为期轮流主政罗马，就这样一直持续了一年的时间。

III. 后来，努马·庞庇利乌斯(Numa Pompilius)被选为王，他未曾从事任何战争，但与罗慕路斯相比，他对国家的贡献却绝不逊色。因为他在罗马人中建立法律与风习，而当时的罗马人由于频繁作战，

---

① 所有版本中，日期之前的词 *ut*，*qui plurimum minimumque*，*tradunt* 皆未翻译；因为有关它们的语法结构目前没有令人满意的解释。达西埃夫人(Madame Dacier)认为应该补足 *ut eos praeteram qui*。然而，*praeteream* 并不恰当。豪西乌斯(Hausius)的解释为 *ut ego inter eos tradam qui plurimum minimumque tradunt*。1791 年的柏林本做出了较好的诠释：*ut medium inter eos qui——tradunt, ego tradam*。无疑，尤特洛庇乌斯想说的是，他打算在最早与最晚两种时间估算意见之间取中间值；然而，该结构所需补足的文字似乎并未发现。或许文意当为"有人时间估算最早，有人估算最晚，在它们之间取一个中间值"。对文意应该作类似"在它们之间取一个中间值"的理解。同样的内容见于 X. 8，其结构同样不确定。

② 译文内"[ ]"中的内容若无特殊说明，皆为中译者依据上下文做出的补充。——中译者

③ 李维(Livy)记载道，罗慕路斯先是依照元老院的意见，派使节前往周边民族请求通婚，却遭到普遍的冷遇，于是他决定武力抢亲。见李维，i. 9。——中译者

④ 根据古典作家们的记载，罗慕路斯极有可能是被贵族们杀害的。见李维，i. 16；哈利卡尔纳索斯人狄奥尼修斯(Dionysius of Halicarnassus)，ii. 56；阿庇安(Appian)，《关于诸王》，ii. 33；普鲁塔克(Plutarch)，《罗慕路斯传》，27。——中译者

已经被视为强盗和半蛮族。他将此前混乱无序的一年划分为 10 个月①；又在罗马创建了无数的圣仪与神庙。在在位的第 43 个年头，他寿终正寝。

IV. 图鲁斯·荷斯提利乌斯(Tullus Hostilius)继他之后为王，然后重新开始从事战争。他征服了距罗马城 12 里②的阿尔巴人(Albans)，还在战斗中击败了维伊人和费德奈人。前者距罗马城 6 里，后者距罗马城 18 里。他还将凯里乌斯山丘(Caelian hill)并入城内，从而拓展了城界。在位 32 年后，他遭遇雷击，连同自己的房宅一同毁灭。

V. 努马的外孙安库斯·马尔提乌斯(Ancus Martius)继他之后掌权。他对拉丁人(Latins)作战，将阿文丁山丘(Aventine hill)和雅尼库鲁姆山丘(Janiculan hill)并入城内，又建立了海滨城市奥斯提亚(Ostia)。此城距罗马 16 里。在在位的第 24 个年头，他寿终正寝。

VI. 接下来，普利斯库斯·塔克文(Priscus Tarquinius)掌握治权。他将元老数量增加一倍，又在罗马建立了一座圆形剧场，首创了罗马赛会。该赛会甚至一直延续到我们的时代。他还击败了萨宾人，将该民族的大量土地并入罗马，从而极大地拓展了领土。他还第一个在凯旋式(triumph)中进入罗马城。他建造了城墙和下水道，又开始修建卡庇托(Capitol)。在在位的第 38 个年头，他被自己前任王安库斯的儿子们杀死。

454

VII. 塞尔维乌斯·图利乌斯(Servius Tullius)继他之后登上王位。他的母亲出身贵族，但后来被俘并成为奴隶。他也击败了萨宾人，将奎里那尔(Quirinal)、维米那尔(Viminal)和埃斯奎林(Esquiline)三座

---

① 李维记载道，努马依照月亮的运行将一年划分为 12 个月，又设置闰月。见李维，i. 19。普鲁塔克指出，罗慕路斯时期，人们对月份的划分不合理而无规则，有的月份被算成不足 20 天，有的月份则有 35 天甚至更多。他也认为努马时罗马人的一年中只有 10 个月，见普鲁塔克，《努马传》，18, 19。——中译者

② 1 罗马里等于 1.49 千米。——中译者

山丘并入罗马城，在城墙外围修筑战壕。他最早建立人口普查制度，而此举在当时世界尚属首创。他将治下的所有人民都纳入普查范围，结果发现罗马共有公民 8.3 万[1]人，其中包括生活在乡下的人。在在位的第 45 个年头，他死于谋杀。阴谋的策划者为他前任王的儿子，同时也是自己的女婿高傲者塔克文(Tarquin the Proud)，以及自己的女儿、高傲者塔克文之妻。

VIII. 第七位以及最后一位王鲁基乌斯·塔克文·高傲者(Lucius Tarquinius Superbus)，征服了沃尔斯基人(Volsci)。该民族距离罗马并不遥远，就位于前往坎帕尼亚(Campania)的路旁。他还征服了加比伊(Gabii)和苏伊萨·波美提亚(Suessa Pometia)两座市镇，与图斯卡尼人(Tuscans)缔结和约，在卡庇托为朱庇特(Jupiter)修建了一座神庙。后来，他围攻一座距罗马城 18 里的市镇阿尔德亚(Ardea)时，被剥夺了王位。因为他的小儿子塔克文[2]强暴了鲁克蕾提娅(Lucretia)，而后者是科拉提努斯(Collatinus)之妻，是一位极为高贵而贞洁的女子。她向自己的丈夫、父亲及朋友们倾诉了自己所受到的伤害之后，在所有人面前自杀。于是，塔克文的一个亲属[3]布鲁图(Brutus)在人民中间引起暴动，将塔克文的王权剥夺。当时正与王一起围攻阿尔德亚的军队也很快离弃了王。王本人在返回罗马城后，发现城门紧闭。于是在在位 25 年后，他被迫带领妻儿老小逃之夭夭。

就这样，王政在罗马延续了 243 年的时间，共历七位王，而在这期间，罗马城的版图最大时广度不超过 15 里。

IX. 此后，［罗马人］选出两位执政官(consuls)，以取代一位王。

---

① 英译者约翰·塞尔比·沃特森将此处数字作 8.4 万。——中译者

② 塞克斯图斯·塔克文。——中译者

③ *Parens et ipse Tarquinii.*］此段文字曾令义疏作家们疑惑，直到后来有人发现 *parens* 被后世作家用作 *cognatus*。舒尔认为拉姆普利狄乌斯(Lampridius)在《塞维鲁·亚历山大传》，第 67 章中采用，卡佐邦在卡庇托利努斯(Capitolinus)，《马尔库斯·奥勒利乌斯传》，第 5 章义疏中采用了该词的这一含义。希腊文译者作 Βροῦτος γένει προσήκων τῷ Ταρκυνίῳ。见舍勒辞书，Parens 词条。

此举是考虑到若一位执政官倾向于行为不公，另一位由于拥有相同的权力，可以对其形成制约。他们还决定执政官任期不得超过一年，以防他们因持续掌权而变得专横跋扈。相反，执政官们知道自己一年后要重归一名普通公民的身份，便永远能够自律行事。

在将王及其家族驱逐后的第 1 年①，两执政官为鲁基乌斯·尤尼乌斯（Junius）·布鲁图与塔克文·科拉提努斯。前者在驱逐塔克文过程中充当过领头人，后者则是鲁克蕾提娅的丈夫。然而，塔克文·科拉提努斯的权力很快被剥夺，因为有法律得以通过，规定任何以塔克文为名的人都不应该待在罗马城内。于是，他收拾起所有的个人财产，离城而去。他的执政官职位由瓦勒利乌斯·普布利可拉（Valerius Publicola）补缺。然而，塔克文王在被驱逐之后，发动对罗马的战争。他从各地纠集起一支规模庞大的军队，为了复辟王位而发兵。

X. 在第一次战斗中，布鲁图和塔克文之子阿伦斯（Aruns）互相杀死对方。然而，罗马人最终作为胜利者离开战场。罗马的妇女们为她们荣誉的捍卫者布鲁图哀悼了整整一年的时间，仿佛他是她们共同的父亲一样。瓦勒利乌斯·普布利可拉指定鲁克蕾提娅的父亲斯普利乌斯·卢克莱修·特利基庇提努斯（Spurius Lucretius Tricipitinus）为自己的同僚。后者病故后，他又选择荷拉提乌斯·普尔维鲁斯（Horatius Pulvillus）作为自己的同僚执政官。

就这样，共和国元年出现了五位执政官。塔克文·科拉提努斯因自己的名字而去城离邦，布鲁图殒命战场，斯普利乌斯·卢克莱修则寿终正寝。

XI. 第 2 年，塔克文为了复辟王位，再次对罗马人开战。他在图斯卡尼国王波尔塞那（Porsena）的帮助下，几乎攻陷罗马城。然而这一次，他又遭受败绩。

驱逐王室后的第 3 年，塔克文发现无法恢复王国，而波尔塞那已

---

① 公元前 509 年。——中译者

经与罗马人缔结和约，不再支持他，于是撤回离罗马并不遥远的一座市镇图斯库鲁姆(Tusculum)。他在那里与自己的妻子过了 14 年的普通人生活，最终高龄[而逝]。

在废除王权后的第 4 年，萨宾人对罗马人开战但被击败。罗马人举行了一次战胜他们的凯旋式。

在第五年，布鲁图曾经的同僚，第四次任执政官的鲁基乌斯·瓦勒利乌斯(Valerius)寿终正寝。他生前一贫如洗，以至于葬礼的花费是由人民捐款集资支付的①。如同布鲁图的情况一样，妇女们也为他哀悼了整整一年的时间。

XII. 在推翻王权之后第 9 年，塔克文的女婿纠集了一支规模庞大的军队，企图为岳父报仇。当时一个新的职位在罗马产生，被称为独裁官(dictator)，而且其权力比执政官更为集中。在同一年，一个骑兵长官(master of the horse)被指定，作为独裁官的副手。没有什么比古代的独裁官之权更接近陛下②您现在所掌握的治权了，尤其是因为恺撒·屋大维(Caesar Octavianus)以及以前的盖乌斯(Gaius)·恺撒曾以独裁官的头衔和官阶进行统治。恺撒·屋大维会在下文被说到。罗马第一位独裁官是拉尔提乌斯(Lartius)，第一位骑兵长官是斯普利乌斯·卡西乌斯(Cassius)。

XIII. 在王权被终结后的第 16 年③，罗马人民认为自己受到元老院和两执政官的压迫，便起而暴动。这一次，他们为自己设立人民保民官(tribunes)，作为他们自己独特的仲裁者和保护者，保护他们免受元老院和两执政官的迫害。

XIV. 下一年，沃尔斯基人对罗马人开战。他们在战场上被击败，
457 又丢失了他们最好的城市科利奥里(Corioli)。

---

① *Ut，Collatis è populo nummis，sumptum habuerit sepulturae.*]"他用人民所捐献的钱支付了自己的葬礼费用。"

② *Tranquillitas vestra.*]见献词部分注释。

③ 公元前 494 年。——中译者

XV. 在将王室驱逐后的第 18 年①，那位曾经攻陷沃尔斯基城市科利奥里的罗马将军昆提乌斯②·马尔基乌斯（Quintius Marcius），被迫逃离罗马，他出于愤恨而投靠沃尔斯基人，并在后者的支持下对抗罗马人。他对罗马人取得了几次胜利，甚至挺进到罗马城外第五座里程碑的地方。他拒绝听取前来求和的［罗马］使团的陈述，本打算围攻他出生的地方，但他的母亲维图莉娅（Veturia）和妻子沃鲁姆尼娅（Volumnia）出城来见他，痛哭流涕地进行恳求，终于使他撤军。他是继塔克文之后又一位与祖国为敌的将领。

XVI. 在凯索·法比乌斯（Caeso Fabius）与提图斯·维尔基尼乌斯（Titus Virginius）执政官年③，法比乌斯家族的 300④ 位贵族单独对维伊人进行了一次战争，事前他们向元老院和人民保证，他们自己就可以将战争结束。这些卓越的人们每人都足以统率一支庞大的军队，现在他们动身出征，最终全部阵亡。⑤ 如此庞大的一个家族中只有一人幸存，因为他过于年幼，未被带去战场。这些事情过后，城内进行了一次人口普查，发现公民数量为 117 319⑥。

XVII. 下一年，由于一支罗马军队被困于城外约 12 里的阿尔基都斯（Algidus）山，鲁基乌斯·昆提乌斯·辛辛那图斯（Cincinnatus）被任命为独裁官。此人仅有 4 尤格薄田⑦，且亲手耕种。人们找到他

---

① 公元前 492 年。——中译者
② 此处本名一作盖乌斯，见普鲁塔克，《科利奥拉努斯传》，1 及以下；一作格奈乌斯，见李维，2.33 及以下。——中译者
③ 公元前 479 年。——中译者
④ 李维和狄奥尼修斯提供的数字皆为 306，见李维，ii. 49；哈利卡尔纳索斯人狄奥尼修斯，IX. 15。——中译者
⑤ 战场位于台伯河（Tiber）支流克勒美拉河（Cremera）。——中译者
⑥ 英译者约翰·塞尔比·沃特森将此处数字作 119 309。——中译者
⑦ 英译者约翰·塞尔比·沃特森作"4 英亩"。李维文本英译者弗斯特指出，严格说来此片田地面积不足 3 英亩，因为 iugerum 仅合 28 800 平方英尺。见 Livy, *History of Rome, Books 3-4*, Benjamin Oliver Foster translated, Cambridge, Massachusetts: Harvard University Press, London: William Heinemann Ltd., 1922, p. 90, note 1。——中译者

时，发现他正在耕地。当时他擦去额头的汗水，披上紫边托加袍（toga praetexta）。后来，他对敌人进行了大屠杀，从而为自己的军队解围。

XVIII. 建城后第 302 年①，执政官的统治结束。[罗马人]每年不再选举两名执政官，而是任命 10 位行政官员执掌最高权力，又称他们为十人委员会（decemviri）。此 10 人在第一年行事较为得体。然而到了第二年，他们中一人阿庇乌斯·克劳狄（Appius Claudius）对一个叫维尔基尼乌斯的人那年幼的女儿施暴。当时维尔基尼乌斯正在阿尔基都斯山上对拉丁人的战斗中光荣服役。然而，这位父亲亲手杀死了自己的女儿，以免她受到十人委员会成员的凌辱，他又重回军队，在士兵中间掀起哗变。于是，十人委员会的权力被剥夺，其成员经审判后获罪。②

XIX. 建城后第 315 年，费德奈人起而反叛罗马。维伊人及其国王托鲁姆尼乌斯（Tolumnius）为他们提供了援助。这两个民族如此邻近罗马，费德奈人距离罗马仅有 7 里，维伊人仅有 18 里。沃尔斯基人也加入到他们一伙。然而，他们被独裁官马尔库斯③·埃米利乌斯（Aemilius）及骑兵长官鲁基乌斯·昆提乌斯·辛辛那图斯击败，还损失了自己的国王。费德奈城被攻陷，遭到彻底摧毁。

XX. 20 年之后，维伊人重新发动战争。弗利乌斯·卡米鲁斯（Furius Camillus）作为独裁官被派去迎敌。他先是在战斗中击败他们，又经长期围困而陷城。那是意大利最古老而富庶的城市。他接下来又攻陷了同样不可小觑的城市法里斯基。然而，他却招来民众的愤恨，因为他对战利品分配不公，并因这一罪名而遭到放逐。

---

① 公元前 451 年。——中译者

② *Damnati sunt.*] 阿庇乌斯和奥庇乌斯在审判前一天自杀。李维的说法表明，他们的同僚自愿被放逐。克劳狄被判死刑，但在维尔基尼乌斯的干预下被改为放逐。见李维，iii. 58。

③ 此处本名一说为"马墨尔库斯"（Mamercus）。——中译者

此后不久，塞诺涅斯高卢人(Galli Senones)进军罗马。他们在阿里亚河(Allia)畔击败罗马人①，又追击他们，一直到城外 11 里的地方。后来罗马城被他们占领，除卡庇托之外没有一处能够拒敌。他们围困卡庇托许久，令罗马人饱受饥馑之苦。被放逐到邻近城市的卡米鲁斯出其不意地攻击高卢人(Gauls)，使他们遭遇惨败。后来②，高卢人收取了一定数量的黄金后才放弃围困卡庇托，然后撤退。然而，卡米鲁斯追击他们，将他们击溃并进行了大屠杀，从而既拿回了曾经支付的黄金，又收回了被他们抢去的所有军帜。就这样，他第三次在凯旋式中进入罗马城，接受了第二罗慕路斯的称号，就仿佛他也是一位建城者一般。

459

---

①　科瓦略夫指出，阿里亚一役的日期和地点并没有确定。罗马的传统说法(李维)认为是 390 年，希腊的说法(波利比乌斯、狄奥多罗斯)认为是 387 年。至于日期则没有什么出入，因为 7 月 18 日(dies Alliensis)在罗马是人民的丧日。至于阿里亚的位置也有两种说法。根据李维(5.37)，阿里亚河是从左方流入台伯河的，而狄奥多罗斯(14.114)则说，罗马人是渡过台伯河与高卢人作战的。因此现代的学术在规定阿里亚的地点时也有了不同的看法：一些学者认为它是台伯河左方的支流，另一些学者则认为是右方的支流。一般的战略上的理由使人不得不认为，阿里亚乃是左方的支流。尽管波利比乌斯和狄奥多罗斯的说法可能要更可靠些，但一般公认的年代则是 390 年。被击溃的罗马军队逃散到附近的地区去了；一部分的军队退入罗马。参阅［俄］科瓦略夫著，王以铸译：《古代罗马史》(上册)，133 页，上海，上海世纪出版集团，上海书店出版社，2011。——中译者

②　*Postea tamen.*］tamen 一词有碍行文流畅，未被翻译。此处文意似乎并不清晰。李维对此事有不同说法。

卷　II

军政官被设立以取代执政官，卡米鲁斯征服沃尔斯基人、埃奎人和苏特里尼人，辛辛那图斯征服普莱涅斯特人，I—II；执政官统治被恢复，III；卡米鲁斯之死及对他的赞颂，IV；高卢人溃逃，V；人口普查，VI；瓦勒利乌斯·科尔维努斯与一个高卢人的决斗，VII；拉丁战争，VIII；萨姆尼乌姆人多次战败，IX；高卢人、埃特鲁里亚人及萨姆尼乌姆人被击败，X；对皮洛士的战争，XI—XIV；埃及国王托勒密遣使罗马，XV；皮克努姆人与萨伦提涅斯人被征服，XVI—XVII；另一次人口普查，第一次布匿战争，XVIII—XXVIII。

I. 建城后第 365 年，即其被高卢人攻陷之后的第一年，政府的形式发生改变。几位军政官(military tribunes)被选举出来，取代两执政官行使其权力。此后，罗马的势力开始扩张。因为就在当年，卡米鲁斯征服了沃尔斯基人的国家——后者对罗马的战争已经持续了 70 年之久；他又攻陷了埃奎人(Aequi)和苏特里尼人(Sutrini)的城市；他在将敌人的军队歼灭之后，夺取了这两座城市；就这样，他同时举行了三次凯旋式。

II. 普莱涅斯特人(Praenestini)曾进军罗马，直抵城下。提图斯·昆提乌斯·辛辛那图斯追击他们，并在阿里亚河畔将其击败，然后将

8座城市并入罗马帝国版图。他又攻击普莱涅斯特城本身，迫使其投降。他用区区20天的时间完成了所有这些伟绩，因而经由一条法令获准举行一次凯旋式。

III. 然而，军政官的职位未能持续多久，因为很快有法律通过，禁止再选举军政官。这种没有高级行政官员产生的状况延续了四年的时间。① 然而后来，选举拥有执政官权力的军政官的做法再度恢复，*460* 并延续了三年的时间，然后人们又开始选举执政官。

IV. 在鲁基乌斯·格努基乌斯（Genucius）和昆图斯·塞尔维利乌斯（Servilius）执政官年②，卡米鲁斯逝世③，他享受了仅次于罗慕路斯的尊荣。

V. 提图斯·昆提乌斯作为独裁官被派去抵御高卢人。后者已将军队开入意大利，并且在罗马城外约4里处阿尼奥河（Anio）彼岸扎营。最尊贵的元老之一提图斯·曼利乌斯（Manlius）应一个高卢人的挑战前来与之决斗，并将其斩杀。他将敌人脖颈上的一个金项圈摘下，给自己戴上，又以托尔夸图斯（Torquatus）作为自己的名号，并使之永远传诸子孙。高卢人被击退，旋又被独裁官④盖乌斯·苏尔庇基乌斯（Sulpicius）彻底击败。此后不久，图斯卡尼人被盖乌斯·马尔基乌斯击败，他们8 000余众被俘，并被牵在凯旋式中示众。

VI. 又一次人口普查被举行。已被罗马人征服的拉丁人拒绝提供军队，于是［国家］只能从罗马人中征兵，然后组建了10个军团（legions）。本次征集的战斗人员总数达到6万或更多。罗马人的战斗力如此强大，但他们的领土却如此狭小。这些军队在鲁基乌斯·弗利乌斯·卡米鲁斯的率领下冲出城门进攻高卢人。当时一个高卢人挑战

---

① 公元前375—前371年。——中译者

② 公元前365年。——中译者

③ 当年罗马瘟疫流行，平民死者无数，官员也大多病逝。卡米鲁斯死于此时。见普鲁塔克，《卡米鲁斯传》，43。——中译者

④ 公元前358年。——中译者

罗马最勇敢的战士前来决斗，军政官马尔库斯·瓦勒利乌斯挺身而出前来应战。他全副铠甲冲向敌人，而在此期间一只渡鸦落到他的右肩之上。后来，当他开始与那个高卢人搏斗之后，那只渡鸦用翅膀和爪子猛烈地攻击对手的双眼，使他无法看清眼前的一切，最终被军政官瓦勒利乌斯斩杀。因此，这只渡鸦不仅给他带来一场胜利，还送给他一个名字。因为他后来被称为科尔维努斯（Corvinus）①。也正是由于这次功绩，他在 23 岁那年当选执政官。②

VII. 拉丁人不仅拒绝提供军队，还向罗马人提出要求：两执政官应从他们和罗马人中各选举一人。罗马人拒绝了这一要求，然后对他们开战，并在一次大战中将其击败，随即举行了战胜他们的凯旋式。两执政官的雕像被立在讲坛（Rostra）之上，以纪念他们此役所取得的胜利。〔同样在是年，马其顿（Macedon）的亚历山大（Alexander）建立了亚历山大里亚（Alexanderia）城。〕③

VIII. 罗马人现在开始走向强大，因为他们对萨姆尼乌姆人（Samnites）进行了一场战争，而当时敌人居于皮克努姆（Picenum）、坎帕尼亚（Campania）和阿普里亚（Apulia）之间的位置，距罗马城约 130 里。鲁基乌斯·帕庇利乌斯·库尔索尔以独裁官④身份前往指挥战争，他在返回罗马后，命令骑兵长官昆图斯·法比乌斯·马克西穆斯（Maximus），在自己不在的时候要代掌军队，但不可与敌人交战。然而，后者发现一次有利时机，便与敌交战并大获全胜，将萨姆尼乌姆人彻底击败。后来他因违背军令作战而被独裁官判处死刑，但被士兵与人民的有力干预所拯救，因为当时帕庇利乌斯（Papirius）激起了人们极大的骚乱，几乎被杀。

① 科尔维努斯之名源自"渡鸦"（corvus，"科尔乌斯"），英译者约翰·塞尔比·沃特森在此处将人名作"科尔乌斯"（Corvus）。——中译者
② 公元前 348 年。——中译者
③ 依据哈罗德·W. 伯德英译本补足。——中译者
④ 公元前 325 年，第一次任独裁官。——中译者

461

IX. 后来，在提图斯·维图利乌斯和斯普利乌斯·波斯图密乌斯（Posthumius）执政官年①，萨姆尼乌姆人以极不光彩的手段击败了罗马人，并迫其穿过轭门（yoke）②。罗马军迫于形势，与敌人签订和约，但元老院和人民又将和约破坏。此后，萨姆尼乌姆人被执政官③鲁基乌斯·帕庇利乌斯击败，7 000 余众被迫穿过轭门。帕庇利乌斯获准举行了一次战胜萨姆尼乌姆人的凯旋式。约当此时，监察官阿庇乌斯·克劳狄将克劳狄之水引入罗马城，又开始修建阿庇乌斯大道。

萨姆尼乌姆人重启战端，并击败了昆图斯·法比乌斯·马克西穆斯，斩杀了他 3 000 余众。然而后来，他的父亲法比乌斯·马克西穆斯被任命为他的副将。他击败了萨姆尼乌姆人，并攻陷其数座市镇。结果，普布利乌斯（Publius）·科尔涅利乌斯·鲁非努斯（Rufinus）和马尼乌斯·库利乌斯·敦塔图斯（Manius Curius Dentatus）两执政官④被派去征讨萨姆尼乌姆人，并通过几次大战重创敌人。就这样，他们将延续 49 年之久的萨姆尼乌姆战争结束。现在，意大利再无敌人考验罗马人的勇敢。

X. 几年之后，高卢人与图斯卡尼人和萨姆尼乌姆人联合起来，共同对抗罗马。然而，正当他们进军罗马之时，途中被执政官⑤格奈乌斯·科尔涅利乌斯·多拉贝拉（Cnaeus Cornelius Dolabella）截击。 462

XI. 与此同时，罗马人对塔伦图姆人（该民族至今居于意大利最边远的地区）宣战，因为他们曾对一些罗马使节施暴。他们请求伊庇鲁斯（Epirus）国王皮洛士（Pyrrhus）前来帮助对抗罗马人。皮洛士将自己的家族世系追溯到阿喀琉斯（Achilles）。他闻讯后迅速渡海来到意

① 公元前 321 年。——中译者
② 这是用两支投枪插在地上，再把第三支投枪架在上面而形成的"门"，得名于其形状很像驾牛的轭。迫使战败之敌穿过轭门是对敌人的严重羞辱。——中译者
③ 公元前 320 年。——中译者
④ 公元前 290 年。——中译者
⑤ 公元前 283 年。——中译者

大利。就在当时，罗马人第一次与来自海外的敌人作战。执政官①普布利乌斯·瓦勒利乌斯·莱维努斯（Laevinus）被派去征讨国王。他抓获了皮洛士的几名探子，命人带领他们穿越自己的军营，观览自己的整支军队，然后又放他们回去，以让他们回禀皮洛士在罗马军中的见闻。不久之后，双方的战斗打响。皮洛士在即将逃窜之时，却因战象②取得了胜利，因为罗马人见到这种陌生的动物后内心极度恐惧。然而，夜幕降临，战斗结束。莱维努斯趁夜色逃跑。皮洛士捕获了1800 名罗马战俘，并对他们施以极高的礼遇，他又将阵亡者埋葬。他发现这些阵亡者伤口皆在身前，且面容狰狞，据说当时他将双手举向天空，说道："如果能够有幸拥有这样的士兵，他会成为全世界的主人。"

XII. 后来，皮洛士联合萨姆尼乌姆人、鲁卡尼亚人（Lucanians）和布鲁提乌姆人（Bruttii），挺进罗马。他用烈火和刀剑废弃了沿途的一切，将坎帕尼亚屠城，然后逼近罗马城外 18 里处的普莱涅斯特。不久之后，由于害怕一位执政官所率领的军队追击，他撤往坎帕尼亚。［罗马］使团被派往皮洛士那里商谈赎回战俘的事宜，他们受到了国王的礼遇。皮洛士甚至分文未取就将战俘送回罗马。他对罗马使团成员之一法布利基乌斯（Fabricius）如此钦佩，以至于发现他家境贫困后，提出愿以王国领土的 1/4 作为条件，换取他的投靠，但遭到轻蔑的拒绝。于是，皮洛士对罗马人的性格敬佩万分，便派出一个名叫基涅阿斯（Cineas）的著名人物作为使节，请求在合理的条件下缔结和约，他只要求让自己保有已经在战争中占领的那部分意大利领土。

463

XIII. 如此的缔和条件并不令人满意，于是元老院对皮洛士答复道："你除非离开意大利，否则无法与罗马人签订和约。"然后，罗马

① 公元前 280 年。——中译者
② 皮洛士从伊庇鲁斯带来了 20 头战象，并且使罗马人第一次见识到这种动物的威力。——中译者

人命令将所有被皮洛士送回的战俘视为不名誉者①，因为他们竟然在手持武器的情况下被俘；又禁止他们恢复原先的级别，除非他们斩杀两名敌人并缴获其战利品。就这样，皮洛士的使节被遣回。当皮洛士问他如何看待罗马这个民族时，基涅阿斯回答说他看到的是一个由一群国王组成的国家，因为皮洛士一个人被视为伊庇鲁斯和其他希腊地区的国王，而在罗马人人都是国王。

普布利乌斯·苏尔庇基乌斯和德基乌斯·穆斯（Decius Mus）两执政官②被作为统帅派去征讨皮洛士。一场战斗爆发③，皮洛士在其中受伤，他的战象被屠杀，2万余众阵亡，而罗马一方仅有5 000余人阵亡。皮洛士被迫撤回塔伦图姆。

XIV. 一年之后，法布利基乌斯被派去征讨皮洛士。就是此人，当初作为使团成员时，国王即便以1/4的国土利诱却无法将其收买。法布利基乌斯与国王的营地距离很近，皮洛士的御医趁夜赶来求见，提出如果报酬合适的话，他可以毒杀国王。当时法布利基乌斯命人将其戴上镣铐送还原先的主人，并向皮洛士透露这位御医企图谋害他的意图。国王对此举钦佩不已，据说他当时曾说道："即便太阳能够偏离轨道，法布利基乌斯这个卓越的人也不可能偏离正道。"后来，皮洛士动身前往西西里。法布利基乌斯则击败了萨姆尼乌姆人和鲁卡尼亚人，并获准举行了一次凯旋式。

接下来，马尼乌斯·库利乌斯·敦塔图斯和科尔涅利乌斯·伦图鲁斯（Lentulus）两执政官④被派去征讨皮洛士。库利乌斯与他交战，击溃了他的军队，将他赶回塔伦图姆，还攻取了他的营地。那一天，敌人被歼2.3万余众。库利乌斯·敦塔图斯在执政官年举行了一次凯

464

① *Infames.*] 他们全都遭到了某种降级处置。原先的骑兵被降为步兵，原先的步兵被降格为投石兵。见瓦勒利乌斯·马克西穆斯，ii.7，15。
② 公元前279年。——中译者
③ 战场位于阿普里亚的奥斯库鲁姆（Ausculum）。——中译者
④ 公元前275年。——中译者

旋式。他史无前例地将战象带入罗马城。当时战象的数量为 4 头。皮洛士很快也离开了塔伦图姆，在一座希腊城市阿尔戈斯被杀。

XV. 在盖乌斯·法比乌斯①·李基努斯（Licinus）和盖乌斯·克劳狄·卡尼那（Canina）执政官年②，即建城后第 461 年，托勒密（Ptolemy）从亚历山大里亚派出的使团抵达罗马，他们请求与罗马人建立友谊并获得了同意。

XVI. 在昆图斯·奥古尔尼乌斯（Ogulnius）和盖乌斯·法比乌斯·皮克托尔（Pictor）执政官年③，皮克努姆人发动了一次战争，并被继任执政官普布利乌斯·塞姆普罗尼乌斯（Sempronius）和阿庇乌斯·克劳狄击败。罗马人举行了一次击败他们的凯旋式。罗马人又建立了两座城市：在高卢建立了阿里米努姆（Ariminum），在萨姆尼乌姆建立了贝涅温图姆（Beneventum）。

XVII. 在马尔库斯·阿提利乌斯·勒古鲁斯（Attilius Regulus）和鲁基乌斯·尤尼乌斯·李波（Libo）执政官年④，罗马人发动了对阿普里亚境内萨伦提涅斯人（Sallentines）的战争。布伦狄西乌姆人（Brundusians）兵败，他们的城市被攻陷。罗马人举行了一次战胜他们的凯旋式。

XVIII. 在建城后第 477 年，罗马已是威名远播，但他们的兵锋尚未冲出意大利。因此，罗马进行了一次人口普查，以确知罗马军队的规模。经统计，公民数量为 292 334，即使自建城以来，战争从未停止过。不久之后，在阿庇乌斯·克劳狄和昆图斯·弗尔维乌斯（Fulvius）执政官年⑤，对阿非利加人（Africans）的第一次战争爆发。我们与敌人在西西里（Sicily）发生了一次战斗。阿庇乌斯·克劳狄因对阿非

---

① 此处法比乌斯被英译者约翰·塞尔比·沃特森作法布利基乌斯。——中译者
② 公元前 273 年。——中译者
③ 公元前 269 年。——中译者
④ 公元前 267 年。——中译者
⑤ 公元前 264 年。——中译者

利加及西西里国王希耶隆(Hiero)取得一次胜利而举行了一次凯旋式。

XIX. 第二年，即瓦勒利乌斯·马尔库斯和奥塔基利乌斯(Otacilius)执政官年，当时罗马人在西西里取得重大成就。陶罗美尼塔尼人(Tauromenitani)、卡塔尼亚人(Catanians)以及此外的50座城市被纳为我们的同盟者。第三年，在西西里对希耶隆的战争结束。他与所有叙拉古(Syracuse)贵族一起，支付了200塔兰同的白银才与罗马人签订和约。阿非利加人在西西里被击败，于是罗马举行了战胜他们的第二次凯旋式。

XX. 布匿战争(Punic war)是对阿非利加人的战争。在战事的第五年，即盖乌斯·杜伊利乌斯(Duilius)和格奈乌斯·科尔涅利乌斯·阿西那(Asina)执政官年①，罗马人史无前例地进行海战，因为他们拥有了装配冲撞角(beaks)的舰船，还称这种船为利布尔尼亚舰(Liburnian galleys)。执政官科尔涅利乌斯成为背信弃义行径的牺牲品。② 杜伊利乌斯则与敌交战，击败了迦太基人(Carthaginians)的统帅，俘获了31艘敌船，击沉14艘敌船，俘虏敌人7 000余众，歼灭3 000余众。对于罗马人而言，没有哪次胜利比这一次更加鼓舞人心了，因为他们现在不仅在陆地上不可战胜，在海上也变得强大。

在盖乌斯·阿奎利乌斯·弗洛鲁斯(Aquilius Florus)和鲁基乌斯·西庇阿(Scipio)执政官年③，后者攻占了科西嘉(Corsica)和萨丁尼亚(Sardinia)两岛，从那里掳走数千战俘，并获准举行一次凯旋式。

XXI. 在鲁基乌斯·曼利乌斯·乌尔索(Vulso)和马尔库斯·阿提利乌斯·勒古鲁斯执政官年④，罗马人将战场移到阿非利加，以对付迦太基人将领哈密尔卡(Hamilcar)。双方进行了一场海战，那位迦太

①　公元前260年。——中译者
②　他被汉尼拔(Hannibal)的一位军官欺骗并俘虏。见波利比乌斯(Polybius)，i. 23；奥罗西乌斯(Orosius)，iv. 7；波吕埃诺斯(Polyaenus)，vi. 16，5。
③　公元前259年。——中译者
④　公元前256年，马尔库斯·阿提利乌斯·勒古鲁斯为替补执政官。——中译者

基人遭遇惨败，因为他在损失了 64 艘舰船后撤逃。此役罗马人仅损失 22 艘舰船。他们又渡海进入阿非利加，迫使所遇到的第一座城市克吕佩亚（Clypea）投降。然后，两执政官挺进到迦太基（Carthage）城。曼利乌斯在废弃了许多地方之后，带 2.7 万名战俘胜利返回罗马。阿提利乌斯·勒古鲁斯继续留在阿非利加。他排开阵势对抗阿非利加人，同时迎击三位迦太基将领而大获全胜，歼敌 1.8 万余众，俘虏 5 000 余众，俘获 18 头战象，将 74 座城市纳为同盟者。随后，一败涂地的迦太基人向罗马人求和，却被勒古鲁斯实际拒绝，因为他提出了最为苛刻的缔和条件。于是阿非利加人向拉克戴梦人（Lacedaemonians）寻求援助，后者派来一位名叫山提波斯（Xantippus）的将领，将罗马将军勒古鲁斯击败，并对罗马军进行了惨烈的大屠杀。因为整支罗马军队只有 2 000 人逃生，5 000 人连同他们的统帅勒古鲁斯被俘，3 万余众被歼，勒古鲁斯本人被俘。

XXII. 在马尔库斯·埃米利乌斯·鲍鲁斯（Paulus）和塞尔维乌斯·弗尔维乌斯·诺必利奥尔（Nobilior）执政官年[①]，罗马的两执政官一同率一支 300 舰船的舰队兵发阿非利加。他们首先在海战中击败阿非利加人。执政官埃米利乌斯击沉了 104 艘敌船，连同船上的士兵俘获 30 艘，歼灭或俘获敌人 1.5 万余众，又通过大规模掠夺而使士兵们发了财。阿非利加本该被征服，但当时罗马军中发生一场严重饥馑，无法继续作战。两执政官率领得胜的舰队回国时，在西西里海岸遭遇海难。当时风暴如此猖獗，以致罗马人 464 艘舰船中幸存的仅有 80 艘。海上发生如此巨大的风暴，实属闻所未闻。罗马人随即又重建了 200 艘舰船，因为他们的士气完全未被所受到的损失打垮。

XXIII. 在格奈乌斯·塞尔维利乌斯·凯庇欧（Caepio）和盖乌斯·塞姆普罗尼乌斯·布莱苏斯（Blaesus）执政官年[②]，两人一同率领

---

① 公元前 255 年。——中译者
② 公元前 253 年。——中译者

260 艘舰船进军阿非利加，并攻陷数座城市。他们在携带大量房获物回归，途中遭遇海难。接二连三的海难使得罗马人感到苦恼，于是元老院通过法令，放弃在海上作战，只保留 60 艘舰船以保卫意大利。

XXIV. 在鲁基乌斯·凯基利乌斯·梅特鲁斯（Caecilius Metellus）和盖乌斯·弗利乌斯·帕基鲁斯（Pacilus）执政官年①，前者在西西里击败了一位阿非利加将领。这位敌将率领 130 头战象与人数众多的军队前来，结果梅特鲁斯歼敌 2 万余众，俘房战象 26 头，又在努米底亚人的帮助下将逃散的其他战象捕获。他将所有战象聚集在一起，浩浩荡荡赶回罗马，令大街小巷都充斥着战象。当时城内所有战象总数为 130 头。

经历这些不幸后，迦太基人恳求被自己俘获的罗马统帅勒古鲁斯，让他回罗马请求缔结和约和交换战俘。

XXV. 勒古鲁斯到达罗马后，被引入元老院，但他没有以一名罗 *467*
马人的身份做任何事。他宣称自落入阿非利加人之手的那一天，自己便不再是一名罗马人。因此，他拒绝妻子拥抱自己，并建议罗马人不要与迦太基人缔结和约，因为他们因遭受如此多的损失而士气低落，希望全无；他本人并没有多重要，而且年事已高，另外被俘的罗马人寥寥无几，因此无论为他自己还是为这几个罗马战俘，都不值得归还这数千名敌人的战俘。于是，罗马人接受了他的意见，因为在迦太基人恳求缔和的时候，没有人理会他的意见。他自己又回到了迦太基。临行前罗马人执意挽留他，但他不愿意待在这样一座城市里，因为作为战俘生活在阿非利加这么久之后，自己再无可能保有一名公民的尊严了。他就这样返回了阿非利加，在遭受了各种酷刑的折磨后死去。

XXVI. 在普布利乌斯·克劳狄·普尔克尔（Pulcher）和盖乌斯·尤尼乌斯执政官年②，前者不顾鸟卜（auspices）的不吉朕兆而作

---

① 公元前 251 年。——中译者
② 公元前 249 年。——中译者

战，结果被迦太基人击败。原本的 220 艘舰船中，他只带领 30 艘逃命。有 90 艘舰船连同上面的人员皆被俘，其余的舰船沉没，共有 2 万余众被俘。另一位执政官也因海难而失掉自己的舰队，但由于当时并未远离海岸，他的军队因而得救。

XXVII. 在盖乌斯·鲁塔提乌斯·卡图鲁斯(Lutatius Catulus)和奥鲁斯·波斯图密乌斯·阿尔比努斯(Aulus Posthumius Albinus)执政官年①，即布匿战争的第 23 个年头，对阿非利加人的战争指挥权被授予卡图鲁斯。他率领 300 艘舰船兵发西西里。阿非利加人配备了 400 艘舰船迎击他。鲁塔提乌斯·卡图鲁斯出发前即身有病患，因为他在以前的战斗中曾经负伤。在一座西西里城市利吕拜乌姆(Lilybaeum)对面，一场战斗爆发。罗马军此战表现极为英勇，俘获迦太基舰船 63② 艘，击沉 125 艘，俘虏敌军 3.2 万余众，歼灭 1.3 万余众，又俘获了大量的黄金、白银战利品。罗马舰队沉没 12 艘。此战发生于当年 3 月 10 日。迦太基人立刻请求议和，于是双方缔结和约。迦太基人将所掌握的罗马战俘归还，还要求将罗马人掌握的阿非利加战俘赎回。元老院决定那些国家的战俘无偿归还，但那些在个人手中的战俘则应当从所有人那里花钱赎回。这笔赎金应当出自[罗马]国库，而非迦太基人。

XXVIII. 昆图斯·鲁塔提乌斯和奥鲁斯·曼利乌斯当选执政官③后，对法里斯基人作战。后者曾是意大利一个强大的民族。两执政官一起，在开战后六天之内结束了战争。他们歼敌 1.5 万余众，与其他人缔结了和约，但剥夺了他们一半的领土。

---

① 公元前 242 年。——中译者
② 英译者约翰·塞尔比·沃特森将此处数字作 73。——中译者
③ 公元前 241 年。——中译者

卷 III

埃及国王托勒密拒绝罗马人帮助他对抗安条克，西西里国王希耶隆前往罗马观看赛会，I；对利古里亚人的战争，迦太基人企图再度挑起战争，但被平息，II；罗马全境的和平，III；伊利里亚战争，IV；入侵意大利的高卢人所遭遇的灾难，V—VI；第二次布匿战争，VII—XXIII。

I. 现在，持续了 23 年的布匿战争终于结束，罗马人现已无上荣耀、举世瞩目。他们遣使埃及国王托勒密，答应[向对方]提供援助，因为叙利亚国王安条克曾经对后者开战。国王向罗马人致谢，但拒绝了他们的援助，因为战斗已经结束。约当此时，西西里最强大的国王希耶隆访问罗马，以观看赛会，并且在人民中间分发了 20 万摩底（modii）①的小麦。

II. 在鲁基乌斯·科尔涅利乌斯·伦图鲁斯和弗尔维乌斯·弗拉库斯执政官年②，即希耶隆到访罗马那一年，罗马人在意大利境内发动了对利古里亚人（Ligurians）的战争，并且举行了一次战胜对手的凯旋式。与此同时，迦太基人试图重启战端，因为萨丁尼亚人依照和约

---

① 1 摩底（斗）约等于 8 千克。
② 公元前 237 年。——中译者

条款，应该服从罗马人，但迦太基人怂恿他们发动叛乱。然而，迦太基的一个代表团来到罗马，缔结了和约。

III. 在提图斯·曼利乌斯·托尔夸图斯和盖乌斯·阿提利乌斯·布尔布斯（Bulbus）执政官年①，罗马人举行了战胜萨丁尼亚人的凯旋式。此时罗马同周边各方皆已签订和约，便不再有战事。这种情况自建城以来只出现过一次，那便是在努马·庞庇利乌斯在位时期。

IV. 在鲁基乌斯·波斯图密乌斯·阿尔比努斯和格奈乌斯·弗尔维乌斯·肯图马鲁斯（Centumalus）执政官年②，罗马人对伊利里亚人（Illyrians）开战，并攻陷了敌人许多市镇，迫使其国王投降。这一次，罗马人首次举行战胜伊利里亚人的凯旋式。

V. 在鲁基乌斯·埃米利乌斯执政官年③，一支高卢大军越过阿尔卑斯山（Alps）。然而，整个意大利团结一致，支持罗马人。据曾参与此战的历史学家法比乌斯记载，当时准备投入这场大战的人数总计80万多。然而，执政官埃米利乌斯一人即成功解决了问题，他歼敌4万余众，并获准举行一次凯旋式。

VI. 几年之后，在意大利境内爆发了一次对高卢人的战斗，此战在马尔库斯·克劳狄·马尔克鲁斯（Marcellus）和格奈乌斯·科尔涅利乌斯·西庇阿执政官年④结束。马尔克鲁斯率领一小股骑兵投入战斗，并亲手斩杀了高卢人的国王维利多马鲁斯（Viridomarus）。后来，他与同僚一起将高卢人的一支不计其数的军队歼灭，又强力攻陷了美狄奥拉努姆（Mediolanum）⑤，然后携大量虏获物返回罗马。马尔克鲁斯用一条木棍肩挑高卢人的战利品，在凯旋式上展示。

VII. 在马尔库斯·米努基乌斯（Minucius）·鲁弗斯和普布利乌

---

① 公元前 235 年。——中译者
② 公元前 229 年。——中译者
③ 公元前 225 年。——中译者
④ 公元前 222 年。——中译者
⑤ 今之米兰（Milan）。——中译者

斯·科尔涅利乌斯执政官年①，罗马人对伊斯特里亚人开战，因为敌人曾劫掠几艘罗马的运粮船。最终敌人被彻底征服。

同年，迦太基将领汉尼拔挑起了对罗马人的第二次布匿战争。此人在 20 岁的时候，纠集了一支 15 万人的军队②，然后围攻罗马人的同盟者，西班牙城市萨贡图姆（Saguntum）。罗马人为此派出使节警告他停战，但他拒绝接见这些使节。罗马人还遣使迦太基，要求对方下令禁止汉尼拔对罗马人民的同盟者作战。与此同时，萨贡图姆人被饥馑拖垮，被汉尼拔俘掳，并且被以最残忍的手段处死。

Ⅷ. 普布利乌斯·科尔涅利乌斯·西庇阿随即率领一支军队开进西班牙，提比略·塞姆普罗尼乌斯则开进西西里。罗马人对迦太基人宣战。汉尼拔将自己的弟弟哈士多路巴（Hasdrubal）留在西班牙，自己则越过比利牛斯山（Pyrenees），又设法翻越了阿尔卑斯山。此山以前从未有人翻越过。据说他率领 8 万步兵、1 万③骑兵和 37 头战象进入意大利。汉尼拔在进军途中，得到了大量利古里亚人和高卢人的加盟。塞姆普罗尼乌斯·格拉古（Gracchus）听说汉尼拔兵抵意大利，便率军从西西里驰往阿里米努姆。

Ⅸ. 第一个与汉尼拔遭遇的是普布利乌斯·科尔涅利乌斯·西庇阿。战斗打响后，他的军队被击败而逃散，他本人负伤撤回军营。塞姆普罗尼乌斯·格拉古也在特列比亚河（Trebia）附近与汉尼拔交战，又遭败绩。在意大利，许多人投靠汉尼拔。后者一直挺进到图斯卡尼，与执政官④弗拉米尼乌斯遭遇。弗拉米尼乌斯被汉尼拔斩杀，罗马军 2.5 万余众被歼，其余得以逃生。此后，昆图斯·法比乌斯·马克西穆斯被派去迎击汉尼拔。这位将领避免与敌交战，遏制其锋芒，不久之后瞅准有利战机，挫败敌人。

---

① 公元前 221 年。——中译者
② 英译者约翰·塞尔比·沃特森作"5 万步兵和 2 万骑兵的部队"。——中译者
③ 英译者约翰·塞尔比·沃特森将此处数字作 2 万。——中译者
④ 公元前 217 年。——中译者

X. 在建城后第 540 年，鲁基乌斯·埃米利乌斯·鲍鲁斯①和普布利乌斯·特伦提乌斯·瓦罗（Terentius Varro）②被派去接替法比乌斯对抗汉尼拔。法比乌斯提前警告两执政官，汉尼拔是一位大胆而强干的将领，他们只能通过避免与之进行正面对攻战而击败他。然而，执政官瓦罗由于鲁莽冲动，不顾同僚的反对，还是与敌人进行了正面会战。此战发生于阿普里亚一座名叫坎奈（Cannae）的村庄附近，两执政官皆被汉尼拔击败。阿非利加军阵亡者 3 000 余人，汉尼拔军队大部分受伤。然而，罗马人在布匿战争中从未遭受过如此惨烈的败绩，因为执政官埃米利乌斯·鲍鲁斯阵亡，20 名执政官和大法官级别的将领、30 名元老以及 300 名其他贵族被俘或阵亡，另有 4 万步兵、3 500 骑兵阵亡。然而，即便面临所有这些灾难，没有一个罗马人有过求和的念头。大量奴隶被释放并编入军队，此举实属前所未有。

XI. 这次战斗之后，一些原本服从罗马的意大利城市转而投靠了汉尼拔。后者曾提出允许罗马人赎回战俘，但元老院答复道，这些公民竟然能够容许自己在手持武器的情况下被俘，那么对他们而言也没有什么价值了。于是，汉尼拔以各种酷刑将罗马战俘折磨致死，并向迦太基输送了 3 摩底的黄金指环。这些指环都是他从罗马骑士、元老及士兵手上摘取的。与此同时，汉尼拔的弟弟哈士多路巴正率一支大军驻留西班牙，以图将整个国家纳入阿非利加人的版图；他被罗马将领两西庇阿兄弟击败，在战斗中损失了 3.5 万士兵；其中 1 万被俘，2.5 万被歼。闻讯后，迦太基人为了给他补充兵力，派去了 1.2 万步兵、4 000 骑兵和 20 头战象。

XII. 在汉尼拔兵抵意大利后的第 4 个年头，两执政官③之一马尔库斯·克劳狄·马尔克鲁斯在坎帕尼亚一座城市诺拉（Nola）与他交战

---

① 英译者约翰·塞尔比·沃特森将此名中"鲍鲁斯"忽略。——中译者
② 二者为公元前 216 年的执政官。——中译者
③ 公元前 215 年。——中译者

并获胜。然而，汉尼拔占领了阿普里亚、卡拉布里亚（Calabria）的数座罗马城市以及布鲁提乌姆人的乡村地区。约当此时，马其顿国王腓力（Philip）向汉尼拔派来使节，提出愿意援助他对抗罗马人，条件是在征服罗马人之后，他应该转而帮助腓力对抗希腊人。然而，腓力的使团被[罗马人]俘获，此事败露，于是罗马人命令马尔库斯·瓦勒利乌斯·莱维努斯兵发马其顿，提图斯·曼利乌斯作为同执政官进入萨丁尼亚。因为该岛在汉尼拔的怂恿下也叛离了罗马人。

XIII. 就这样，罗马人同时在四地作战。他们在意大利对抗汉尼　472拔，在西班牙对抗他的弟弟哈士多路巴，在马其顿对抗腓力，在萨丁尼亚对抗当地人以及另一个名叫哈士多路巴的迦太基人。哈士多路巴被那位被派往萨丁尼亚的同执政官提图斯·曼利乌斯生擒；他手下1.2万余众被歼，1 500人被俘；萨丁尼亚再次臣服于罗马人。曼利乌斯就这样取得胜利，然后将哈士多路巴及其他战俘带回罗马。与此同时，腓力也在马其顿被莱维努斯击败，哈士多路巴和汉尼拔的三弟马戈（Mago）也在西班牙被两西庇阿击败。

XIV. 在汉尼拔兵抵意大利后的第 10 个年头，即普布利乌斯·苏尔庇基乌斯和格奈乌斯·弗尔维乌斯执政官年①，汉尼拔进逼到罗马城外 4 里处，他的骑兵甚至进抵城门之下。然而由于两执政官率军追来，他出于畏惧而撤回坎帕尼亚。在西班牙，两西庇阿在多年征战中所向披靡，后来却被汉尼拔的弟弟哈士多路巴斩杀。然而他们的军队却未受损，因为两位将领是在无意间落入圈套，而非被敌人的勇敢所击败。此后，原先被阿非利加人占领的西西里大部分地区被执政官马尔克鲁斯收复，大量战利品被从那著名的城市叙拉古运往罗马。在马其顿，莱维努斯与腓力、数座希腊城邦以及亚细亚国王阿塔罗斯（Attalus）缔结和约。他旋即兵发西西里，在阿格里根图姆城市俘虏了一位名叫汉诺（Hanno）的迦太基将领，又攻陷了该城，然后将这位敌将

---

　　① 公元前 211 年。——中译者

与其他被俘的贵族送回罗马。他迫使40座城市投降，强力攻陷26座城市。就这样，在西西里全境被收复，马其顿表示顺服之后，他身披巨大的荣耀返回罗马。在意大利，汉尼拔突袭两执政官之一格奈乌斯·弗尔维乌斯，将他斩杀，又歼灭了他手下8 000之众。

XV. 与此同时，由于两西庇阿死后，罗马在西班牙再无统帅，24岁的普布利乌斯·科尔涅利乌斯·西庇阿被派去西班牙。此人系此前征战西班牙的那位普布利乌斯·西庇阿的儿子，无论是在当时还是后世，他都几乎堪称最优秀的罗马人。他攻陷了西班牙的迦太基城。阿非利加人在此地储存了自己所有的金银及战略物资。他还俘获了迦太基人扣留的大量西班牙人质，以及汉尼拔的弟弟马戈，并将他们全部送回罗马。这一喜讯令罗马全城欢欣鼓舞。西庇阿将西班牙人质送还给他们的父母，结果赢得几乎所有的西班牙人一致投靠。随后，他将汉尼拔的弟弟哈士多路巴击败，并缴获了大量战利品。

XVI. 与此同时，在意大利，两执政官①之一昆图斯·法比乌斯·马克西穆斯收复了有汉尼拔大量驻军的塔伦图姆，又斩杀了他手下的一位将领卡尔塔罗。他将2.5万战俘卖为奴隶，将所得钱款上缴公库，又将战利品在士兵中间分发。这一次，数座曾经投靠汉尼拔的罗马城市再次转投法比乌斯·马克西穆斯。

第二年，西庇阿通过自己和兄弟鲁基乌斯·西庇阿的努力，在西班牙建立赫赫功勋，收复了70座城市。然而在意大利，战事进展并不顺利，因为执政官克劳狄·马尔克鲁斯被汉尼拔斩杀。

XVII. 在西庇阿进军西班牙后的第三年，他又一次取得辉煌的战果。他在一场大战中击败了一位西班牙国王，后将其纳为同盟者；他也史无前例地没有从战败的敌人那里收取人质。

XVIII. 汉尼拔对西班牙能够长期抵抗西庇阿已经不抱希望，便命令自己的弟弟哈士多路巴率领全部军队撤离当地，前来意大利与自

①   公元前209年。——中译者

己会合。哈士多路巴沿汉尼拔的旧路前进，但在皮克努姆一座城市塞纳附近落入两执政官①阿庇乌斯·克劳狄·尼禄(Nero)和马尔库斯·李维·萨利那托尔(Salinator)为他设置的埋伏。他经英勇战斗后阵亡；他那数量众多的军队要么被俘，要么被杀；他那大量的金银被送回罗马。现在，汉尼拔开始对战事丧失信心，而罗马人却勇气倍增。于是，他们将普布利乌斯·科尔涅利乌斯·西庇阿从西班牙召回。后者身披巨大的荣耀返回罗马。

XIX. 在昆图斯·凯基利乌斯和鲁基乌斯·瓦勒利乌斯执政官年②，原先被汉尼拔所控制的布鲁提乌姆人境内的所有城市，现在重新投靠罗马人。　　　　474

XX. 在汉尼拔入侵意大利之后的第 14 个年头，在西班牙取得辉煌战果的西庇阿当选执政官③，然后被派往阿非利加。人们认为此人身上具有神性，甚至有人想象他曾与诸神对话。他在阿非利加与迦太基将领汉诺遭遇，击溃了他的军队。在下一次战斗中，他攻取了他的军营，俘虏4 500余众，歼灭 1.1 万余众。他还俘虏了阿非利加人的同盟者、努米底亚(Numidia)国王叙法克斯(Syphax)，并攻取了他的军营。叙法克斯本人连同努米底亚最高贵的战俘以及大量战利品被西庇阿送回罗马。喜讯传来，几乎整个意大利都背弃了汉尼拔。迦太基人也命令汉尼拔返回阿非利加，因为西庇阿正在当地大肆破坏。

XXI. 就这样，汉尼拔在兵抵意大利后的第 17 个年头，又离开了。据说他在离去之时流下了眼泪。迦太基人派出使节向西庇阿求和，但后者将他们送去元老院，并答应给予 45 天的休战期，让他们往返罗马，但索取了 3 万磅的白银。元老院指示，应该按照西庇阿的意见与敌人缔结和约。后者提出下列条款：迦太基人不得拥有超过 30

---

① 公元前 207 年。——中译者
② 公元前 206 年。——中译者
③ 公元前 205 年。——中译者

艘舰船，应该支付罗马人 50 万磅白银，应该归还所有的战俘和逃兵。

XXII. 与此同时，汉尼拔登陆阿非利加，撕毁和约。迦太基人又挑起多次战端。于是，他们的使团在从罗马返回的途中，被某些罗马军队抓获，但他们又在西庇阿的命令下被释放。汉尼拔在数次战斗中被西庇阿击败①，也表达了缔和的愿望。于是双方举行一次会晤，罗马人提出的条件一如从前，只是将白银增加了 10 万磅，以惩戒对方最近背信弃义的行径。② 迦太基人对这些条款不满，便命令汉尼拔继续作战。

西庇阿和与他结盟的努米底亚另一位国王马西尼萨（Masinissa）将战火烧到迦太基城墙之下。汉尼拔派了三名探子潜入西庇阿军营，但他们皆被捕获。西庇阿命人带领他们穿越自己的军营，观览自己的整支军队，在款待过他们之后将其遣回，以便让他们向汉尼拔回禀在罗马人中的见闻。

XXIII. 与此同时，两位统帅都在为一场大战做着准备。这场战斗必为史上罕见，因为即将率军投入战斗的是两位最为强干的统帅。西庇阿最终获胜，还几乎生俘汉尼拔。后者最初带领数名骑兵逃跑。陪同他的骑兵后来变为 20 名，再后来又变为 4 名。罗马人在汉尼拔的军营里发现 2 万磅白银、800 磅黄金以及大量其他储备物资。此役之后，罗马人与迦太基人缔结和约。西庇阿返回罗马，以极大的荣耀举行了凯旋式，并从此获得了阿非利加努斯的尊号。就这样，第二次布匿战争在开始之后的第 19 个年头宣告结束。

---

① *Frequentibus praeliis.*〕李维似乎并不认为在双方会晤之前发生过任何战斗；然而，他提到瓦勒利乌斯·安提亚斯曾说起过会晤之前的一次战斗。见李维，xxx. 29。

② *Proter novam perfidiam.*〕尤特洛庇乌斯在本章开头说道，迦太基人又"挑起多次战端"。"在汉尼拔到来之前，在迦太基使团仍在从罗马返回的路上时，西庇阿的一支运输船队由于天气所迫而进入迦太基人的港口，结果被劫掠，西庇阿又派几位使节前来对他们的行径进行抱怨，结果受到了虐待。见波利比乌斯，xv. 1；李维，xxx. 24；阿庇安，《布匿战争史》，34。"——舒克

卷　IV

对马其顿国王腓力的战争，I—II；对叙利亚国王安条克的战争，III—IV；弗尔维乌斯举行战胜埃托利亚人的凯旋式，汉尼拔之死，V；对马其顿国王佩尔修斯的战争，对伊利里亚国王根提奥斯的战争，VI—VIII；穆密乌斯在西班牙的胜利，IX；第三次布匿战争，迦太基的被毁，X—XII；在马其顿对伪腓力的战争，XIII；亚该亚战争，科林斯的被毁，XIV；在马其顿对伪佩尔修斯的战争，XV；在西班牙对维利亚图斯的战争，XVI；西庇阿将努曼提亚战争结束，XVII；阿塔罗斯将王国遗赠给罗马人民，XVIII；尤尼乌斯·布鲁图与西庇阿的凯旋式，XIX；在亚细亚对阿利斯托尼科斯的战争，XX；迦太基成为一片罗马殖民地，XXI；对山外高卢以及阿尔维尔尼人国王比图伊图斯的战争，XXII；在纳尔波高卢建立一片殖民地，一次战胜达尔马提亚的凯旋式，XXIII；对斯科尔狄斯基人的战争失利，XXIV；战胜萨丁尼亚和色雷斯的凯旋式，XXV；对朱古达的战争，XXVI—XXVII。

I. 布匿战争结束后，对国王腓力展开的马其顿战争随即爆发。

II. 在建城后第 551 年，提图斯·昆提乌斯·弗拉米努斯

(Flamininus)①被派去征讨国王腓力,并取得了胜利②。罗马人依照下列条款与腓力缔结和约③:罗马人曾保护一些希腊城邦免受国王的侵害,此后国王不得再对它们开战;他应该将罗马的战俘和逃兵交还;他应该仅保有 50 艘舰船,将其余舰船交给罗马人;他应该在 10 年之内每年支付 4 000 磅重量的白银作为贡赋;他应该将自己的儿子德墨特利奥斯(Demetrius)入质罗马。提图斯·昆提乌斯又对拉克戴梦人开战,击败了敌方将领纳比斯(Nabis),并按照自己认为合适的条件将对方纳为同盟者。[在凯旋式上,]他非常骄傲地在马车前面牵着最为高贵的人质,腓力之子德墨特利奥斯和纳比斯之子阿尔墨涅斯(Armenes)。

III. 马其顿就这样战争结束,在普布利乌斯·科尔涅利乌斯·西庇阿和马尼乌斯·阿基利乌斯·格拉布利奥(Glabrio)执政官年④,对国王安条克(Antiochus)的叙利亚战争(Syrian war)继之而起⑤。汉尼拔为了避免被交给罗马人而逃离祖国迦太基,前来投靠这位安条克⑥。马尼乌斯·阿基利乌斯·格拉布利奥在亚该亚的战争取得胜利。国王安条克的军营被夜袭攻取,他本人被迫逃窜。腓力曾帮助罗马人打击安条克,因此罗马人将他的儿子德墨特利奥斯归还给他。

IV. 在鲁基乌斯·科尔涅利乌斯·西庇阿和盖乌斯·莱利乌斯(Laelius)执政官年⑦,西庇阿·阿非利加努斯作为自己的胞弟,执政官鲁基乌斯·科尔涅利乌斯·西庇阿的副将,随军出国征讨安条克。

---

① 公元前 198 年的执政官。——中译者
② 公元前 197 年,双方在狗头山(Cymoscephulae)激战。罗马军大获全胜。——中译者
③ 公元前 196 年。——中译者
④ 公元前 191 年。——中译者
⑤ 公元前 192 年,国王安条克即率军越过黑海海峡,进入欧洲的色雷斯和希腊。——中译者
⑥ 公元前 195 年,汉尼拔来到安条克的宫廷。——中译者
⑦ 公元前 190 年。——中译者

已经投靠安条克的汉尼拔在一次海战中被击败①。安条克本人后来在马格涅西亚(Magnesia)的一场大战中被执政官科尔涅利乌斯·西庇阿击败。② 此地为一座亚细亚城市，邻近西庇罗斯山(Sipylus)。国王阿塔罗斯的兄长欧美涅斯(Eumenes)曾在弗吕基亚建立欧美尼亚城，他在此战中帮助过罗马人。此役，国王一方被歼者步兵 5 万，骑兵 3 000。结果，国王安条克请求缔和，得到同意。即使他已被击溃，元老院还是按照以前的条款与之缔结和约。和约规定：国王应该撤出欧罗巴(Europe)与亚细亚(Asia)，将领土限制在陶鲁斯山(Taurus)以内；应该赔款 1 万塔兰同，交出 20 名人质，交出战争的罪魁祸首汉尼拔。安条克在此战中所丧失的亚细亚所有的城市都被转交给欧美涅斯。许多城市也被赐予罗德斯人(Rhodians)，因为他们曾帮助罗马人对抗安条克。西庇阿返回罗马，举行了一次盛大的凯旋式。他还与兄长一样，因征服亚细亚而接受了亚细亚提库斯(Asiaticus)的尊号。因为他的兄长就曾因征服阿非利加而获得阿非利加努斯(Africanus)的尊号。

V. 在斯普利乌斯·波斯图密乌斯·阿尔比努斯和昆图斯·马尔基乌斯·腓力执政官年③，马尔库斯·弗尔维乌斯因征服埃托利亚人而举行了一次凯旋式。在安条克兵败之后，汉尼拔逃往俾泰尼亚(Bithynia)国王普鲁西亚斯(Prusias)处，以免自己被交给罗马人。然而，提图斯·昆提乌斯·弗拉米尼努斯还是前来索要。汉尼拔眼见自己可能被交出，便服毒自尽，死后被葬于尼科墨底亚人(Nicomedians)境内的利比萨(Libyssa)。④

VI. 马其顿国王腓力既曾对罗马人作战，又曾帮助罗马人打击安

---

① 公元前 190 年，战场位于西顿(Sidon)附近的海域。当时击败汉尼拔的为罗德斯海军。——中译者
② 公元前 189 年。——中译者
③ 公元前 186 年。——中译者
④ 公元前 183 年。——中译者

条克。他死后，他的儿子佩尔修斯(Perseus)在马其顿再度起兵。他征集了一支庞大的军队，并且与色雷斯(Thrace)国王科提斯(Cotys)以及伊利里库姆(Illyricum)国王根提奥斯(Gentius)结盟。站在罗马人一边的有亚细亚国王欧美涅斯、卡帕多契亚(Cappdocia)国王阿利亚拉特斯(Ariarathes)、叙利亚国王安条克、埃及国王托勒密、努米底亚国王马西尼萨。俾泰尼亚国王普鲁西亚斯即使娶了佩尔修斯的妹妹为妻，却保持中立。罗马人的统帅、执政官①普布利乌斯·李锡尼乌斯(Licinius)在一场激烈的战斗中被佩尔修斯击败②。罗马人即使兵败，却拒绝国王缔结和约的请求，除非国王偕自己的人民向罗马元老院及人民投降。执政官③鲁基乌斯·埃米利乌斯·鲍鲁斯后来又被派去征讨国王，大法官(praetor)盖乌斯·阿尼基乌斯(Anicius)被派去伊利里库姆征讨根提奥斯。后者仅经一战即被轻易击败，他旋即投降。他的母亲、妻子、两个儿子、一个兄弟同时落入罗马人手中。就这样，这场战争在 30 天之内完结，根提奥斯兵败的消息竟然先于宣战的消息传来。

VII. 当年 9 月 3 日，执政官埃米利乌斯·鲍鲁斯与佩尔修斯交战并将其击败④，歼灭其步兵 2 万余众。国王的骑兵却没受到什么损失。罗马人一方只损失了 100 人。曾被佩尔修斯所控制的马其顿城市全都投靠了罗马人。国王本人被朋友们离弃，落到了鲍鲁斯手中。但鲍鲁斯对他礼遇有加，而不像对待一名战败的敌人，因为当他打算匍匐在他脚下时，鲍鲁斯制止了他，并且在自己身边为他安排了一个座位。罗马人向马其顿人及伊利里亚人(Illyrians)提出的条件是这样的：他们在[向罗马人]缴纳原先缴纳给国王贡赋的半数后，即可保持自由。此举意在显示罗马人民作战是为了公正而非出于贪婪。鲍鲁斯在一次

---

① 公元前 171 年。——中译者
② 战场位于色萨利境内市镇叙库里昂(Sycurium)附近。——中译者
③ 公元前 168 年。——中译者
④ 战场位于马其顿境内的城市皮德纳(Pydna)附近。——中译者

人数众多的公民大会上宣布了这些条款，并且盛情款待了几个城邦派来向他致敬的使节。当时他说道："一个人应该既能在战场上打赢，又能在宴会上表现得优雅。"

VIII. 不久之后伊庇鲁斯发动叛乱，被他攻陷了 70 座城市。他将战利品在士兵中间分配。然后，他乘原本属于佩尔修斯的舰船以极大的排场返回罗马。据记载此船规格极大，设有 16 排桨。他举行了一场盛况空前的凯旋式，其间他乘一辆金车，两个儿子分立两侧。当时 45 岁的佩尔修斯以及他的两个儿子被牵在车前的队列中示众。继埃米利乌斯之后，盖乌斯·阿尼基乌斯也因战胜伊利里亚人而举行了一次凯旋式。其间根提奥斯与他的兄弟和儿子被牵在车前的队列示众。为了一睹盛况，许多民族的国王赶来罗马。他们中甚至有亚细亚国王阿塔罗斯和欧美涅斯以及俾泰尼亚国王普鲁西亚斯。他们全都受到极高的礼遇，被允许进入元老院，又获准将带来的礼物送到卡庇托。普鲁西亚斯还将自己的儿子尼科墨德斯托付给元老院。

IX. 第二年，鲁基乌斯·美密乌斯（Memmius）在西班牙的战争中取得胜利。执政官①马尔克鲁斯后来在同一个国家中作战并取胜。

X. 建城后第 602② 年，即鲁基乌斯·曼利乌斯③·肯索利努斯（Censorinus）和马尔库斯·曼利乌斯④执政官年⑤，亦即第二次布匿战争结束后第 51 个年头，对迦太基的第三次战争爆发。以后的执政官们继续进攻迦太基。迦太基将领哈士多路巴对抗他们，另一位将领法

479

---

① 公元前 166 年。——中译者
② Altero.]希腊文译者作ἑνί，他似乎用该词表达 altero 之意；而 i. 18 中也是如此。学界在这一点上存在持续争议，尤其是关于李维摘要的第 49 节。杜克（Duker）并不能确定 alter 意为第一或第二，——舒克。我认为 alter 无论在此处还是 i. 18 中，都意为"第二"。在诸如维吉尔，《牧歌》（Virgil, Eclogues），viii. 39 alter ab undecimo 的短句中，它当然表示不同含义。
③ 此处族名一说为马尔基乌斯。见阿庇安，《布匿战争史》，75。——中译者
④ 这位执政官名一说为马尼乌斯·马尼利乌斯。见阿庇安，《布匿战争史》，75。——中译者
⑤ 公元前 149 年。——中译者

美亚(Phamea)则负责指挥迦太基骑兵。当时，西庇阿·阿非利加努斯的孙子西庇阿以军政官的身份在军中服役，他令所有人感觉恐惧与崇敬，因为他被认为在战场上作战勇敢、经验丰富。因此，罗马人通过他取得了许多胜利。哈士多路巴和法美亚所最畏惧的事情便是对西庇阿所统率的那一部分敌军作战。

XI. 约当此时，作为罗马人民的同盟者已近 60 年之久的努米底亚国王马西尼萨卒于 97 岁高龄，死后留下 44 个儿子，并指定由西庇阿在这些儿子中进行王国划分。

480

XII. 西庇阿之名早已家喻户晓，因此他即使尚且年轻，却被选为执政官，然后被派去征讨迦太基。他攻陷该城并将其摧毁。西庇阿在城中发现了迦太基通过摧毁其他城市积聚的战利品，以及各市镇的装饰物，他将其中能够被辨识原主的全部归还给西西里、意大利以及阿非利加的各座城市。就这样，迦太基在建城之后第 700 个年头被摧毁。西庇阿获得了他祖父曾经荣获的尊号，因作战勇敢而被称为小阿非利加努斯。

XIII. 与此同时，一个伪腓力在马其顿起兵，并击败了被派来征讨他的罗马大法官普布利乌斯·尤文基乌斯(Juvencius)，对其军队进行了可怕的大屠杀。此后，昆图斯·凯基利乌斯·梅特鲁斯被罗马人作为统帅派来征讨这位冒名的腓力，他歼灭了敌人 2.5 万余众之后，收复了马其顿，并且俘虏了这位冒名者。

XIV. [罗马人]又对希腊最高贵的城市科林斯(Corinth)宣战，因为它曾经侮辱罗马的一个使团。执政官①穆密乌斯(Mummius)将该城市攻陷并摧毁。于是，罗马同时举行了三次最为盛大的凯旋式，在西庇阿征服阿非利加的凯旋式上，哈士多路巴被牵在他的战车前面示众；在梅特鲁斯征服马其顿的凯旋式上，那位人称伪腓力的安德利斯科斯走在他的战车前面；在穆密乌斯征服科林斯的凯旋式上，人们以

_____

① 公元前 146 年。——中译者

虏自这座著名城市的铜像、名画以及其他装饰物进行展示。

XV. 与此同时，在马其顿，一名自称佩尔修斯之子的伪佩尔修斯将奴隶聚集起来，起兵反叛。他所率领的一支 1.7 万人的队伍被财务官特勒美利乌斯(Tremellius)击败。[这一次有一名两性人被发现于罗马，然后在预言者的命令下被投于海中溺毙。①]

XVI. 约当此时，梅特鲁斯对凯尔特伊伯里亚(Celtiberia)的西班牙人(Spaniards)发动战争并取得非凡的胜利。昆图斯·庞培(Pompeius)接替了他的职位。不久之后，昆图斯·凯庇欧也被派来进行这同一场战争。敌方的一位名叫维利亚图斯(Viriathus)的首领正在鲁西塔尼亚(Lusitania)对抗罗马人。他的部下出于对罗马人的畏惧而将他刺杀。到目前为止，他使西班牙处于反罗马的动荡状态已 14 年。他最初是一名牧人，然后成为一伙强盗的头领，最后怂恿如此多强大的民族投入战争。因此，他被视为西班牙在反罗马过程中的保护者。当刺杀他的凶手向执政官凯庇欧索要奖赏时，却得到这样的答复："一位将领被自己的士兵杀害，这样的事情永远不会取悦罗马人。"

XVII. 执政官②昆图斯·庞培后来被西班牙最强大的民族努曼提亚人(Numantines)击败，并与之缔结了耻辱性的和约。此后，执政官③盖乌斯·荷斯提利乌斯·曼基努斯(Mancinus)又与努曼提亚人缔结了耻辱性的和约。罗马人民和元老院宣布和约无效，并将曼基努斯本人交给敌人，让他们为条约被破坏而去惩罚曾经与他们签订条约的人。④ 于是，罗马军队经历过两度败于努曼提亚人的奇耻大辱之后，

481

---

① 括号中内容未见于任何一份手稿，亦未被希腊文译者所认可。维尔西克、克拉利乌斯和舒克将其忽略。"有人说这个两性人生于第二年，而一场大瘟疫随之爆发"——达西埃夫人。见李维，xxvii. 11, 37; xxxi. 12。

② 公元前 141 年。——中译者

③ 公元前 137 年。——中译者

④ 见弗洛鲁斯，ii. 18; 维莱乌斯·帕特尔库鲁斯(Velleius Paterculus)，ii. 1, 90, "波恩古典丛书"。

普布利乌斯·西庇阿·阿非利加努斯第二次当选执政官①，并被派去征讨努曼提亚。首先，他整顿了放荡涣散的军纪，方法是让士兵习惯于艰苦的劳动，而非对其施加惩罚，而且他的方法并不过于严酷。然后，他通过强力攻取或接受投降的方式夺取了几座西班牙城市。最后，他通过长期的围困，使得努曼提亚饱尝饥馑之苦，然后将其夷为平地，又将该行省的其他部分纳为罗马同盟者。

XVIII. 约当此时，欧美涅斯的兄弟，亚细亚国王阿塔罗斯去世②，并将罗马人民作为自己的继承人。就这样，亚细亚以遗嘱的方式被并入罗马帝国。

XIX. 此后不久，德基穆斯·尤尼乌斯·布鲁图以极大的荣耀举行了战胜加莱基亚人（Gallaecians）和鲁西塔尼亚人的凯旋式。普布利乌斯·西庇阿·阿非利加努斯在因征服阿非利加而举行了第一次凯旋式之后的第 14 个年头，又因战胜努曼提亚人而举行了第二次凯旋式。

XX. 与此同时，阿塔罗斯的兄弟欧美涅斯与一个情妇所生的儿子阿利斯托尼科斯在亚细亚燃起战火。普布利乌斯·李锡尼乌斯·克拉苏③被派去征讨，他获得了许多国王的帮助，因为当时支持罗马人的不仅有俾泰尼亚国王尼科墨德斯（Nicomedes），还有本都（Pontus）国王米特拉达梯（Mithridates）、卡帕多契亚国王阿利亚拉特斯（Ariarathes）、帕弗拉戈尼亚（Paphlagonia）国王庇莱墨涅斯（Pylaemenes）。其中这位米特拉达梯国王后来与罗马人发生了一场大规模的战争。④即便如此，克拉苏还是兵败身死。他的头颅被交给阿利斯托尼科斯，

①　公元前 134 年。——中译者
②　公元前 133 年。此处阿塔罗斯为帕加马国王阿塔罗斯三世，他是欧美涅斯二世之子。下文 4.20 中，阿利斯托尼科斯为欧美涅斯二世的私生子，显然此二处欧美涅斯即帕加马国王欧美涅斯二世，因而"兄弟"之说系讹误。——中译者
③　公元前 131 年的执政官。——中译者
④　尤特罗庇乌斯似乎将此处米特拉达梯五世与其子米特拉达梯六世混淆。——中译者

身体被埋在士麦拿(Smyrna)。罗马执政官①佩尔佩尔那(Perperna)被任命为克拉苏的继任者，他听说此战的败讯后，迅速驰往亚细亚。他在斯特拉托尼克(Stratonice)城附近的战斗中击败了逃奔至此的阿利斯托尼科斯，并通过饥馑迫使其投降。在元老院的命令下，阿利斯托尼科斯被绞死在罗马狱中。因为佩尔佩尔那在返回途中死于帕加马，所以无法举行战胜阿利斯托尼科斯的凯旋式。

XXI. 在鲁基乌斯·凯基利乌斯·梅特鲁斯和提图斯·昆提乌斯·弗拉米尼努斯执政官年②，尚存的阿非利加的迦太基在元老院的命令下被重建。此时距离该城被西庇阿摧毁已有22年之久。一批罗马公民被作为殖民者派往此地。

XXII. 建城后第627年，即盖乌斯·卡西乌斯·隆基努斯(Longinus)和塞克斯图斯·多米提乌斯·卡尔维努斯(Sextus Domitius Calvinus)执政官年③，罗马人对山外高卢人(Transalpine Gauls)，对当时极负盛名的阿尔维尔尼人(Arverni)的城市以及他们的国王比图伊图斯(Bituitus)开战，在隆河(Rhone)附近歼灭了他们大量人马。由高卢人金项圈组成的大量战利品被送回罗马。比图伊图斯本人向多米提乌斯投降，被他送到罗马。两执政官都以极大的荣耀举行了凯旋式。

XXIII. 在马尔库斯·波尔基乌斯·加图(Porcius Cato)和昆图斯·马尔基乌斯·勒克斯(Rex)执政官年④，即建城后第633年，罗马派人前往高卢的纳尔波(Narbonne)地区建立一处殖民地。后来，鲁基乌斯·梅特鲁斯和昆图斯·穆基乌斯·斯凯沃拉两执政官因征服达尔马提亚(Dalmatia)而获准举行一次凯旋式。

XXIV. 建城后第635年，执政官⑤盖乌斯·加图对斯科尔狄斯基

---

① 公元前130年。——中译者
② 公元前123年。——中译者
③ 公元前124年。——中译者
④ 公元前118年。——中译者
⑤ 公元前114年。——中译者

人(Scordisci)开战，但在战争中表现得毫不光彩。

XXV. 盖乌斯·凯基利乌斯·梅特鲁斯和格奈乌斯·卡尔波 *483* (Carbo)执政官年①，梅特鲁斯两兄弟在同一天分别举行了征服萨丁尼亚和色雷斯的凯旋式。有消息传到罗马，说辛布里人(Cimbri)已经穿越高卢进入意大利境内。

XXVI. 在普布利乌斯·西庇阿·那西卡(Nasica)和鲁基乌斯·卡尔普尔尼乌斯·贝斯提亚(Calpurnius Bestia)执政官年②，罗马人对努米底亚国王朱古达(Jugurtha)开战，因为他杀害了阿德赫尔巴尔(Adherbal)和希耶姆普萨尔(Hiempsal)。后二者是米基普萨(Micipsa)的儿子、朱古达的堂弟，同时也是王子以及罗马人民的同盟者。执政官卡尔普尔尼乌斯·贝斯提亚被派去征讨朱古达，但被这位国王用金钱收买，与之签订了最为可耻的条约。元老院后来拒绝批准该条约。第二年，斯普利乌斯·阿尔比努斯·波斯图密乌斯继续征讨朱古达。他通过自己的兄弟与努米底亚人进行的战争也极不光彩。

XXVII. 第三位被派出征讨朱古达的是执政官③昆图斯·凯基利乌斯·梅特鲁斯，他通过严厉的措施和良好的判断整顿军队，但没有对任何人使用残酷手段，就这样使军队恢复了古罗马人的军纪。他在数次战斗中击败朱古达，斩杀或俘获其战象，又迫使他的许多市镇投降。在即将结束战争的时刻，他的职位被马略接替。马略(Marius)打败了朱古达，同时战胜了曾经援助朱古达的毛里塔尼亚(Mauritania)国王波库斯(Bocchus)；他又攻陷了努米底亚的数座市镇；他还通过财务官科尔涅利乌斯·苏拉(Sulla)这样一个卓越的人俘获了朱古达，从而将战争结束，因为曾经为朱古达而战的波库斯后来背叛了他。

在高卢，辛布里人被昆图斯·梅特鲁斯的同僚马尔库斯·尤尼乌

---

① 公元前 113 年。——中译者
② 公元前 111 年。——中译者
③ 公元前 109 年。——中译者

斯·西拉努斯(Silanus)击败；在马其顿，斯科尔狄斯基人和特利巴里人(Triballi)被米努基乌斯·鲁弗斯击败；在西班牙，鲁西塔尼亚人被塞尔维利乌斯·凯庇欧击败。梅特鲁斯和马略两人举行了战胜朱古达的两次凯旋式。然而，正是在马略的战车之前，朱古达和他的儿子们被用锁链牵着示众；随即在这位执政官的命令下朱古达被绞死于狱中。

卷　Ⅴ

对辛布里人、条顿人及其同盟者的战争，Ⅰ—Ⅱ；同盟者战争，Ⅲ；马略和苏拉之间的内战，Ⅳ；米特拉达梯战争，色雷斯人，内战的继续与终结，Ⅴ—Ⅸ。

Ⅰ. 正当在努米底亚对朱古达的战争进行的时候，罗马两执政官①马尔库斯·曼利乌斯和昆图斯·凯庇欧在隆河附近被辛布里人、条顿人(Teutones)、提古里尼人(Tigurini)和阿姆布罗涅斯人(Ambrones)这些日耳曼(Germany)和高卢民族击败。他们遭遇了可怕的大屠杀，丢掉了军营，丧失了大部分军队。罗马城陷入极大的恐慌之中，深怕高卢人会再次进逼罗马。这种恐慌即便在第二次布匿战争过程中面对汉尼拔时也几乎未曾有过。结果，马略在战胜朱古达之后第二次当选执政官②，受命指挥对辛布里人和条顿人的战争。对辛布里人的战争耗日持久，结果马略又第三次③、第四次④当选执政官。但在第四次执政官任内，他以昆图斯·鲁塔提乌斯·卡图鲁斯作为自己的同僚。

---

① 公元前 106 年。——中译者
② 公元前 104 年。——中译者
③ 公元前 103 年。——中译者
④ 公元前 102 年。——中译者

于是①，马略前去与辛布里人交战，并在两次战斗中歼敌 20 万余众，俘虏 8 万余众，还生俘了敌将条托波杜斯（Teutobodus）。他因如此的功绩而缺席当选第五任执政官。

II. 与此同时，兵力仍然十分强大的辛布里人和条顿人进入意大利境内。盖乌斯·马略与昆图斯·卡图鲁斯一同对敌进行了另一次战斗，这次卡图鲁斯战绩更为突出。在这次他们两人共同指挥的战斗中，罗马人在战场上或在追击过程中歼敌 14 万余众，俘虏 6 万余众。两支罗马军队中阵亡者 300 人。我方缴获辛布里人 33 杆军帜，其中马略缴获 2 杆，卡图鲁斯缴获 31 杆。战争就这样结束了，两执政官皆获准举行一次凯旋式。

III. 在塞克斯图斯·尤利乌斯·恺撒和鲁基乌斯·马尔基乌斯·腓力执政官年②，即建城后第 659 年，其他所有战争几乎都已结束，这时皮克努姆人、马尔西人和佩里格尼人（Peligni）在意大利挑起了一场极度危险的战争。因为他们在长期顺从罗马人之后，现在开始为自己谋求平等特权。这是一场极具破坏力的战争。两执政官③之一普布利乌斯·鲁提利乌斯、一位年轻的贵族凯庇欧以及另一位执政官波尔基乌斯·加图在战争中阵亡。皮克努姆人和马尔西人中与罗马人对抗的将领包括：提图斯·维提乌斯（Vettius）、希耶利乌斯·阿西尼乌斯、提图斯·赫伦尼乌斯（Herennius）以及奥鲁斯·克鲁恩提乌斯（Cluentius）。罗马人在对敌战争中取得胜利，其间罗马军的将领包括：当选第六任执政官的盖乌斯·马略、格奈乌斯·庞培和鲁基乌斯·科尔涅利乌斯·苏拉。后者表现尤其突出，因为他除了取得其他战绩之外，还彻底击溃了敌将克鲁恩提乌斯所率领的数量庞大的军队，而自己一方仅损失了一人。然而，这次战争耗时四年之久，造成

485

---

① *Itaque.*] 尤特洛庇乌斯似乎暗示马略由于有了卡图鲁斯作为同僚之后才去与辛布里人作战。

② 公元前 91 年。——中译者

③ 公元前 90 年。——中译者

了极大的灾难，终于在第 5 个年头被时任执政官①的鲁基乌斯·科尔涅利乌斯·苏拉终结。此人在任大法官期间，在这同一次战争中已经多次取得重要战绩。

IV. 建城后第 662 年，罗马城的第一次内战爆发，同年，米特拉达梯战争也爆发。马略在第六次执政官任内挑起了内战。当初，米特拉达梯既已占据亚细亚和亚该亚，于是执政官苏拉被派去指挥对他作战②；然而他率军在坎帕尼亚短暂逗留，以确保同盟者战争的余烬彻底熄灭。这场战争刚被提及，其范围仅限于意大利境内。这时马略野心勃勃地企图获得米特拉达梯战争的指挥授权。③ 苏拉被这一举动所激怒，便率军开进罗马城。他是第一位携武装进入罗马城的人。他与马略和苏尔庇基乌斯作战，将后者杀死，将前者赶跑，接着，他任命格奈乌斯·屋大维和鲁基乌斯·科尔涅利乌斯·秦那(Cinna)作为次年的执政官④，旋即兵发亚细亚。

V. 本都国王米特拉达梯既已占据小亚美尼亚和整个本都海及博斯普鲁斯(Bosphorus)沿岸地区，他首先试图将罗马人的同盟者尼科墨德斯驱逐出俾泰尼亚，便向元老院传话说，他因受到尼科墨德斯的伤害，现在打算对其作战。元老院对米特拉达梯答复道，他若这样做的话，将亲身感受罗马人战争的强大威力。他被这一答复激怒，便立刻入侵卡帕多契亚，将罗马人民的同盟者、国王阿利奥巴扎涅斯(Ariobarzanes)驱逐出境。接着，他入侵俾泰尼亚和帕弗拉戈尼亚，将同为罗马同盟者的庞莱墨涅斯(Pylaemenes)和尼科墨德斯两位国王驱逐出境。然后，他迅速兵发以弗所，并向亚细亚全境传信，下令在同一天内将在任何地方所见到的所有罗马公民处死。

①　公元前 88 年。——中译者
②　苏拉作为当年(公元前 88 年)的执政官，通过抽签获得米特拉达梯战争的指挥权。——中译者
③　马略在当年保民官普布利乌斯·苏尔庇基乌斯·鲁弗斯的帮助下争取战争的指挥权，将苏拉逼离罗马，逃往自己军队的驻扎地卡普亚。——中译者
④　公元前 87 年。——中译者

VI. 与此同时，亚该亚城市雅典也被当地公民阿利斯提昂（Aristion）交给米特拉达梯。因为后者曾事先派自己的将领阿尔克拉奥斯（Archelaus）率领步、骑兵 12 万余众进入亚该亚，将希腊其余地区占领。苏拉在雅典附近的庇雷尤斯（Piraeeus）围攻阿尔克拉奥斯，并且攻陷该城。后来他与阿尔克拉奥斯发生激战，重创敌军，因为阿尔克拉奥斯的 12 万人大军中幸存者仅有 1 万人，而苏拉军中阵亡者仅有 13① 人。米特拉达梯听闻此战的消息后，派 7 万名精锐部队自亚细亚赶往阿尔克拉奥斯处。苏拉再次前往与之交战。在第一次战斗中，敌人 2 万余众被歼，其中包括阿尔克拉奥斯之子狄奥根尼。在第二次战斗中，敌人全军覆没。阿尔克拉奥斯本人丢掉铠甲之后，在沼泽地中躲藏了三天时间。米特拉达梯闻讯之后，命人与苏拉商谈缔和事宜。

VII. 与此同时，苏拉也征服了达达尼亚人中的一部分、斯科尔狄斯基人、达尔马提亚人和米底人（Maedians），又与其他民族缔结同盟条约。然而，当国王米特拉达梯的使团到来并商讨缔和事宜时，苏拉答复道，只有在下述条件下才可缔结和约。国王应该退出他所占据的国家，退回自己原先的领地。然而后来两位首领举行会谈，并且缔结了和约。因为苏拉急于应付内战，需要避免腹背受敌的局面。原来当 487 苏拉正在亚该亚和亚细亚对米特拉达梯取得胜利的时候，被驱逐出罗马城的马略和两执政官之一科尔涅利乌斯·秦那在意大利再次挑起战端。他们进入罗马，处死了那些最尊贵的元老和其他一些执政官级别的人，对许多人施行了公敌宣告，将苏拉本人的家宅拆毁，迫使他的妻子和儿子们逃走求生。元老院其他成员匆忙离城而去，逃到希腊去见苏拉，恳求他前去帮助他的祖国。于是，苏拉渡海返回意大利，指挥对诺尔巴努斯（Norbanus）和西庇阿两执政官②的内战。在第一次战斗中，他在卡普亚附近对抗诺尔巴努斯，歼敌 6 000③ 余众，俘虏

---

① 英译者约翰·塞尔比·沃特森将此处数字作 14。——中译者
② 公元前 83 年。——中译者
③ 英译者约翰·塞尔比·沃特森将此处数字作 7 000。——中译者

6 000余众，却只损失了 124 人。他又继而前去征讨西庇阿，却未经一战、兵不血刃地接受了对方整支军队的投降。

VIII. 然而，两执政官在罗马已被更换，马略之子小马略以及帕庇利乌斯(Papirius)·卡尔波当选执政官①，于是苏拉又前去对小马略作战，歼敌 1.5 万余众，却仅损失 400 余人。他旋即进入罗马城。然后，他将小马略追至普莱涅斯特，在此地将其围困，最终迫使其自杀。后来，他在科里纳门(Colline gate)对马略派的两名首领拉姆波尼乌斯(Lamponius)和卡利那斯(Carinas)进行了一场激烈的战斗。据说此战苏拉的敌人共有 7 万之众，最终 1.2 万余众投降，余者在战斗中、军营中或逃跑过程中被那愤怒难熄的胜利者杀死。另一位执政官格奈乌斯·卡尔波从阿里米努姆(Ariminum)逃到西西里，然后在此地被格奈乌斯·庞培斩杀。当时庞培是一个仅有 21 岁的年轻人，但苏拉认识到他的卓越表现后，将自己的部分军队交由他掌管。因此庞培被认为是仅次于苏拉的第二号人物。

IX. 卡尔波被杀之后，庞培收复了西西里，继而渡海来到阿非利加，处死了多米提乌斯和西亚尔巴斯(Hiarbas)。前者是马略派的一个将领，后者是毛里塔尼亚国王，曾经帮助过多米提乌斯。所有这些事情过后，苏拉因战胜米特拉达梯而举行了一次盛大的凯旋式。格奈乌斯·庞培即使年仅 24，却也获准举行了一次征服阿非利加的凯旋式。在他以前，从未有罗马人获得如此殊荣。意大利战争——亦称同盟者战争，以及内战这两次极为可悲的战争就这样结束了。它们延续了 10 年的时间，导致 15 万以上的人丧生；其中包括 24 名执政官级别的人，7 名大法官级别的人，60 名市政官(aedile)级别的人，以及近 200② 名元老。

488

---

① 公元前 82 年。——中译者
② 英译者约翰·塞尔比·沃特森将此处数字作 300。——中译者

卷　VI

在西班牙对塞多留的战争，在马其顿、旁非里亚、基里基亚和达尔马提亚的战争，I—IV；俾泰尼亚国王尼科墨德斯将罗马人作为自己的继承人，对米特拉达梯战争的继续，对奴隶、海盗及马其顿人的战争，V—XII；庞培对提格拉涅斯以及在亚细亚其他地区采取的行动，XIII—XIV；喀提林阴谋，XV；庞培与梅特鲁斯的凯旋式，XVI；恺撒在高卢的战争，XVII；克拉苏在帕提亚的行动，XVIII；恺撒与庞培之间的内战，XIX—XXV。

I. 在马尔库斯·埃米利乌斯·雷必达(Lepidus)和昆图斯·卡图鲁斯执政官年①，在苏拉平息国内动乱之后，新的战争爆发，地点分别在西班牙、旁非里亚(Pamphylia)和基里基亚(Cilicia)、马其顿、达尔马提亚。马略派成员塞多留(Sertorius)害怕那些被杀之人的命运降到自己头上，便挑唆西班牙人发动战争。被派去征讨他的将领为那位曾征服朱古达的梅特鲁斯之子昆图斯·凯基利乌斯·梅特鲁斯以及大法官鲁基乌斯·多米提乌斯。后者被塞多留的部将希尔图雷乌斯(Hirtuleius)斩杀。梅特鲁斯对塞多留作战，双方互有胜负。后来，梅特鲁斯被认为无法单独制敌，格奈乌斯·庞培被派往西班牙。于

---

① 公元前 78 年。——中译者

是，塞多留与两位将领对抗，经常胜负参半。最终，在战争开始后的第八年，他被自己的士兵所杀，战争被当时尚且年轻的庞培以及昆图斯·梅特鲁斯·庇护(Pius)结束，西班牙近乎全部领土被纳入罗马人民治下。

489　　II. 阿庇乌斯·克劳狄乌斯在执政官①届满之后，被派往马其顿。他对居住在罗多帕(Rhodopa)行省②的不同部落进行了一些小规模战斗，并在此罹疾而逝。格奈乌斯·斯科利波尼乌斯·库利奥(Scribonius Curio)在执政官③届满之后被派去接替前者。他征服了达尔马提亚人，然后一直兵抵多瑙河(Danube)，在三年内将战争结束，并获得举行一次凯旋式的荣誉。

III. 普布利乌斯·塞尔维利乌斯这样一个精力充沛的人，在执政官④届满后被派往基里基亚和旁非里亚。他征服了基里基亚，围困并攻陷吕基亚境内的一些最著名的城市；其中包括法塞里斯(Phaselis)、奥林波斯(Olympus)和克吕科斯(Corycus)。他又进攻伊扫里亚人(Isauri)，迫使其投降，在三年之内结束了战争。他是第一个率军翻越陶鲁斯山的罗马人。他回国后，获准举行一次凯旋式，并荣获伊扫里库斯(Isauricus)的尊号。

IV. 格奈乌斯·科斯科尼乌斯也作为同执政官被派往伊利里库姆。他征服了达尔马提亚的大部分地区，攻陷萨罗奈，将战争结束，然后在离国两年之后重返罗马。

V. 约当此时，执政官⑤卡图鲁斯的同僚马尔库斯·埃米利乌斯·雷必达试图发动一场内战，但这场动乱在一个夏天之内被镇压。

---

① 公元前79年。——中译者
② 位于美拉斯(Melas)河畔，赫勒斯滂上方(西北——中译者)，邻近普罗庞提斯(Propontis)。——达西埃夫人
③ 公元前76年。——中译者
④ 公元前79年。——中译者
⑤ 公元前78年。——中译者

就这样，罗马人在同一时间举行了多次凯旋式，分别是梅特鲁斯征服西班牙的凯旋式、庞培征服西班牙的第二次凯旋式、库利奥征服马其顿的凯旋式以及塞尔维利乌斯征服伊扫里亚的凯旋式。

VI. 建城后第 676 年，即鲁基乌斯·李锡尼乌斯·鲁库鲁斯和马尔库斯·奥理略·科塔（Cotta）执政官年①，俾泰尼亚国王尼科墨德斯去世，他生前立下遗嘱，将罗马人民作为自己的继承人。

米特拉达梯撕毁和约，再次入侵俾泰尼亚和亚细亚。两执政官被派去征讨他，但战况胜负参半。科塔在卡尔克敦（Chalcedon）附近的一次战斗中被国王击败，甚至被逼入城内，受到围困。然而，米特拉达梯又从那里前往居吉科斯（Cyzicus），以图攻陷该城，然后侵夺整个亚细亚。另一位执政官鲁库鲁斯与他遭遇。正当米特拉达梯因围困居吉科斯而耽误时间时，鲁库鲁斯从后方将其包围，并通过饥馑消耗他的军队，又在数次战斗中击败他，最终将他一直追击到拜占庭（Byzantium），即现在的君士坦丁堡（Constantinople）。鲁库鲁斯（Lucullus）也在一次海战中消灭了他的诸位部将。就这样，仅经历了一个冬夏，鲁库鲁斯就歼灭了国王近乎 10 万之众。

490

VII. 建城后第 678 年，那位曾经对米特拉达梯作战的鲁库鲁斯的堂弟马尔库斯·李锡尼乌斯·鲁库鲁斯获得了马其顿行省。后来，意大利爆发了一场新的战争②。因为 74③ 名角斗士（gladiators）在斯巴达克（Spartacus）、克利克苏斯（Crixus）及奥伊诺马乌斯（Oenomaus）的带领下，冲出卡普亚的一所学校逃跑。他们在意大利流窜，并燃起战火。此战的严峻程度不亚于汉尼拔战争，因为敌人在击败了罗马人的几位将领和两执政官之后，聚集起一支近 6 万之众的军队。然而，他们在阿普里亚被同执政官马尔库斯·李锡尼乌斯·克拉苏击败。这场

---

① 公元前 74 年。——中译者
② 公元前 73 年。——中译者
③ 英译者约翰·塞尔比·沃特森将此处数字作 84。——中译者

战争在对意大利造成严重灾难之后，在第 3 个年头被剿灭。

VIII. 建城后第 681 年，即普布利乌斯·科尔涅利乌斯·伦图鲁斯和格奈乌斯·奥非狄乌斯·奥列斯特斯（Aufidius Orestes）执政官年①，罗马帝国境内只有两场较为重要的战争，即米特拉达梯战争和马其顿战争。鲁基乌斯和马尔库斯两鲁库鲁斯兄弟分别指挥这两场战争。鲁基乌斯·鲁库鲁斯在居吉科斯之战中击败了米特拉达梯，在海战中击败了他的部将们，然后开始追击国王。他收复了帕弗拉戈尼亚和俾泰尼亚，最后进军到他的王国老巢。他又攻陷了本都境内两座最著名的城市西诺佩（Sinope）和阿米索斯（Amisus）。在卡比拉（Cabira）附近的第二次战斗中，米特拉达梯原本从王国各地征来一支庞大的军队，但他的 3 万精锐部队被罗马人区区 5 000 之众歼灭，米特拉达梯被迫逃走，他的军营被劫掠。曾被国王占领的小亚美尼亚（Armenia）也被夺走。然而，米特拉达梯在逃亡途中被亚美尼亚国王提格拉涅斯（Tigranes）接纳，当时后者正以极大的荣耀进行统治，因为他曾多次击败波斯人（Persians），占领了美索不达米亚（Mesopotamia）、叙利亚（Syria）和腓尼基（Phoenicia）部分地区。

IX. 因此，鲁库鲁斯继续追击溃败之敌，他甚至侵入了提格拉涅斯的王国，当时后者正统治两亚美尼亚。亚美尼亚最尊贵的城市提格拉诺克尔塔（Tigranocerta）被他顺利攻陷。国王本人率领 7 500② 名披甲骑兵和 10 万名弓箭手及其他军队前来迎击鲁库鲁斯，但被后者以区区 1.8 万余众的兵力彻底击败③，结果损失了大部分亚美尼亚人。鲁库鲁斯又进军尼西比斯（Nisibis），并攻陷该城，将国王的兄弟俘虏。鲁库鲁斯原先将一部分军队留在本都以防守那些被征服的地区，但由于他们的玩忽职守和贪婪行径，米特拉达梯获得了一次重新杀入

① 公元前 71 年。——中译者
② 英译者约翰·塞尔比·沃特森将此处数字作 60 万。——中译者
③ 公元前 69 年秋。——中译者

本都的机会，于是战火重新燃起。鲁库鲁斯在重创了尼西比斯之后，准备远征波斯，这时一名继任者①被派来接替他的位置。

X. 正在马其顿处理事务的另一位鲁库鲁斯是第一个对贝西人作战的罗马人，他在哈伊摩斯山（Haemus）上的一场大战中击败敌人；他又攻击贝西人所居住的市镇乌斯库达马（Uscudama），并在当天陷城；他还攻陷了卡比勒（Cabyle），然后一直进抵多瑙河畔。后来，他又围攻本都以上②地区的数座城市，摧毁了阿波罗尼亚（Apollonia）、卡拉提斯（Calatis）、帕尔特诺波里斯（Parthenopolis）、托米（Tomi）、西斯特罗斯（Histros）和布尔吉亚奥涅（Burziaone）③，在结束战争之后返回罗马。两鲁库鲁斯都举行了凯旋式，但对米特拉达梯作战的那位所获得的荣誉更高，因为他是在战胜这些如此强大的民族之后而胜利返回。

XI. 马其顿战争结束之后，米特拉达梯战争仍在继续（鲁库鲁斯离开之后，国王再次纠集起所有的兵力，重新开战），这时克里特战争（Cretan war）爆发，凯基利乌斯·梅特鲁斯④被派去负责指挥。他通过接连几次大战，在三年时间内将整座行省平定，然后接受了克里特库斯（Creticus）的尊号，并因征服该岛而获准举行一次凯旋式。约当此时，根据国王阿庇昂（Apion）⑤的遗嘱，利比亚（Libya）被并入罗马帝国；该国中有贝勒尼克（Berenice）、托勒麦斯（Ptolemais）和居勒涅（Cyrene）等著名城市。

XII. 在这些事务的处理过程中，海盗在所有海域肆虐，以至于罗马人现在虽然在全世界所向披靡，但航海，也只有航海对他们来说是

①　公元前 67 年，执政官马尼乌斯·阿基利乌斯·格拉布利奥。——中译者
②　即以北。——中译者
③　*Burziaonem.*］哈维坎普、维尔西克及舒克版本中出现了该词；但他们皆不认为该词正确。克拉利乌斯推测其为 *Bizonen*（Βιζώνη），因为斯特拉波，vii 提及了位于阿波罗尼亚和卡拉提斯之间的一座城市；其他批评者没有提供更好的意见。
④　公元前 69 年的执政官。——中译者
⑤　托勒密·阿庇昂，他于公元前 96 年去世前将王国遗赠给罗马人。——中译者

49

不安全的。因此，对这些海盗作战的任务被交给格奈乌斯·庞培。①后者以惊人的胜绩与速度，在几个月内就顺利结束战争。此后不久，对米特拉达梯和提格拉涅斯作战的任务也被委托给他②。在战争过程中，他于小亚美尼亚在一次夜间战斗中击败了米特拉达梯，并劫掠了他的军营，同时歼敌 4 万余众，自己却仅损失了 20 名士兵和 2 名百人队长。米特拉达梯带领妻子和两名随从逃走。不久之后，由于他对自己家人过于残忍，他的儿子法尔那克斯鼓动士兵哗变，迫使他服毒自尽③。米特拉达梯这样一个精力充沛、才能出众的人就落得这样的结局：他死于博斯普鲁斯附近；他在位 60 年，在世 72 年，对罗马人作战 40 年。

XIII. 庞培接下来对提格拉涅斯作战。后者投降，来到距阿尔塔克萨塔（Artaxata）16 里的庞培军营，然后匍匐在庞培脚下，将自己的王冠交到对方手中。庞培又将王冠还给他，对他施以礼遇，但责成他交出部分领土并支付一大笔赔款：他手中的叙利亚、腓尼基和索非涅（Sophene）被剥夺，他必须因无故挑起战争向罗马人民赔款 6 000 塔兰同白银。

XIV. 庞培旋即又对阿尔巴尼人（Albani）作战④，三次击败他们的国王奥罗德斯（Orodes）。后来，对方送来信件和礼物，从而获得了庞培的原谅，并且得以签订和约。庞培又在战斗中击败了伊伯里亚⑤国王阿尔托克斯（Artoces），迫使其投降。他将小亚美尼亚授予加拉提亚（Galatia）国王戴奥塔罗斯（Deiotarus），因为后者曾在米特拉达梯战

---

① 公元前 67 年年初，保民官奥鲁斯·加比乌斯提出议案，要求授权庞培清剿海盗；后来该议案形成法律（*lex Gabinia*）。——中译者

② 公元前 66 年年初，保民官盖乌斯·马尼利乌斯提出法案（*lex Manilia*）并获得通过，将东方战争的指挥权授予庞培；西塞罗（Cicero）为此发表演说《论马尼利乌斯法》（*Pro Lege Manilia*）。——中译者

③ 公元前 63 年。——中译者

④ 见尤斯丁，42.3。

⑤ 根据普鲁塔克，《鲁库鲁斯传》，26 及弗洛鲁斯，3.5 的记载，此伊伯里亚人为与阿尔巴尼人接壤的一个民族。

争中作为他的同盟者。他将帕弗拉戈尼亚归还阿塔罗斯和庇莱墨涅斯 *493*
(Pylaemenes)，又任命阿利斯塔尔科斯为科尔基斯人(Colchians)的国
王。不久之后，他征服了伊图勒亚人(Itureans)和阿拉伯人(Arabi-
ans)。在进入叙利亚之后，他授予安条克城附近的塞琉基亚(Seleu-
cia)城自由，因为它曾拒绝接纳国王提格拉涅斯。他将来自安条克城
的人质归还给当地居民。他在达弗涅(Daphne)对当地的美景和充足的
水源深深迷恋，便将大片土地赐予当地人，以便使他们扩大树林的面
积。他从此地进军犹地亚(Judea)，并于三个月后攻陷其首府耶路撒
冷(Jerusalem)，屠杀 1.2 万犹太人(Jews)，又依照条约接受了其余犹
太人的投降。取得这些成就之后，他返回亚细亚，将这场最为旷日持
久的战争结束。

XV. 演说家马尔库斯·图利乌斯·西塞罗和盖乌斯·安敦尼执政
官年①，即建城后第 689 年，鲁基乌斯·塞尔基乌斯·喀提林(Ser-
gius Catiline)与某些有名望但又敢于铤而走险之徒密谋颠覆共和国。
此人家庭出身极为高贵，但秉性极端堕落。他被西塞罗驱逐出城，他
的党羽被捕入狱并绞死其中，他本人被另一位执政官安敦尼在战斗中
击败斩杀。

XVI. 建城后第 690 年，即德基穆斯·尤尼乌斯·西拉努斯和鲁
基乌斯·穆列那(Muraena)执政官年②，梅特鲁斯举行了征服克里特
的凯旋式，庞培举行了清除海盗和击败米特拉达梯的凯旋式。后一次
凯旋式实属盛况空前：米特拉达梯的儿子们、提格拉涅斯的儿子以及
犹太人的国王阿利斯托布罗斯(Aristobulus)被牵在他的战车之前示
众。前方队列还展示着大量的黄金白银之类的钱财。这时，整个世界
再无任何重要战争。

---

① 公元前 63 年。——中译者
② 公元前 62 年。——中译者

XVII. 建城后第 693 年，后来成为国家掌控者①的恺撒与鲁基乌斯·毕布鲁斯(Bibulus)一同任执政官②。根据法令，恺撒获得 10 个军团以及高卢和伊利里库姆。他首先征服了现称塞夸尼人(Sequani)的赫尔维提人(Helvetii)③，后来又在多次最为惨烈的战争中战胜对手，一直进军到不列颠大洋(British ocean)。大约在九年时间内④，他征服了这部分高卢地区全境。这一地域以阿尔卑斯山、隆河、莱茵河(Rhine)和大洋为界，周长约 3 200 里。接下来，恺撒对不列颠人开战⑤，后者此前甚至不知罗马人之名。他征服了敌人，索取了人质，又强令他们缴纳贡赋。他以贡赋之名，强迫高卢每年缴纳 4 000 万塞斯退斯(sestertia)⑥。他又入侵了莱茵河彼岸的日耳曼人，在数次最为惨烈的战斗中击败了他们⑦。他取得了如此多的胜绩，却只遭遇了三次失败，一次是在阿尔维尔尼人领土上，当时是他亲自指挥；另外两次是在日耳曼，当时他并不在场，他的两名副将提图利乌斯(Titurius)和奥伦库雷乌斯(Aurunculeius)遭遇敌人伏击而阵亡。

XVIII. 约当此时，建城后第 697 年，马尔库斯·李锡尼乌斯·克拉苏被派去征讨帕提亚人(Parthians)。⑧ 他当时是格奈乌斯·庞培·马格努斯的同僚，而后者已是第二次任执政官⑨。克拉苏不顾神兆与鸟卜朕兆的不利，在卡莱(Carrae)附近与敌交战⑩，结果被国王

494

---

① 英译者约翰·塞尔比·沃特森作 *emperor*。——中译者
② 公元前 59 年。——中译者
③ *Qui nunc Sequani appellantur.*〕根据恺撒，《高卢战记》，i.2 的描述，塞夸尼人与赫尔维提人之间坐落着高耸的尤拉山(Jura)。若尤特洛庇乌斯所言属实，此民族名称的转化必是由于两个民族之间的交流与融合。见克拉利乌斯，ii.3，50。——舒克
④ 公元前 58—前 49 年。——中译者
⑤ 恺撒于公元前 55 年和公元前 54 年先后两次渡海入侵不列颠。——中译者
⑥ 英译者约翰·塞尔比·沃特森强此处数字作 4 万，并认为此数逾 32 万英镑之巨。——中译者
⑦ 恺撒于公元前 55 年和公元前 53 年先后两次渡过莱茵河作战。——中译者
⑧ 公元前 55 年年底，克拉苏执政官任期未届满，便匆忙前往东方。——中译者
⑨ 公元前 55 年。——中译者
⑩ 公元前 53 年。——中译者

奥罗德斯(Orodes)的部将苏勒那(Surena)击败，最终连同自己的儿子①一同被杀。后者是一个极为高贵而出众的年轻人。这支军队的残余被财务官盖乌斯·卡西乌斯所救。后者以惊人的勇敢扭转了罗马人即将毁灭的命运，以至于在越过幼发拉底河(Euphrates)撤退时，在数次战斗中击败了波斯人。

XIX. 内战旋即爆发，这场战争确实可悲而可恶，除了通过几次大战造成严重破坏之外，它还改变了罗马人民的命运。② 因为恺撒从高卢胜利返回的途中要求再度获得执政官之职，而且要求确定无疑地获得该职位。然而，执政官③马尔克鲁斯与毕布鲁斯、庞培、加图等人表示反对，最终恺撒接到命令，要解散军队、返回罗马。为了对这种侮辱进行报复，他从阿里米努姆率领自己的军队向自己的祖国挺进。两执政官与庞培、整个元老院以及所有的贵族全部逃出城外，渡海前往希腊。元老院在庞培的领导下，在伊庇鲁斯、马其顿和亚该亚(Achaia)对恺撒作战。

XX. 恺撒率军进入被抛弃的罗马城，自封为独裁官。紧接着，他进军西班牙，并在当地击败了庞培的军队。这支军队极为强大而勇敢，由鲁基乌斯·阿弗拉尼乌斯(Afranius)、马尔库斯·佩特雷乌斯(Petreius)和马尔库斯·瓦罗三位将领统率。恺撒从西班牙返回后，又前往希腊。他对庞培作战，但首役即战败溃逃。然而，由于夜幕降临，庞培没有追击，他得以逃生。后来恺撒评论道，庞培并不知道如何战胜对手，而那　天是他唯一可能被彻底击败的一次。接下来，他

495

----

① 次子(幼子)普布利乌斯·李锡尼乌斯·克拉苏。——中译者

② *Romani populi fortuna mutata est.*〕罗马人民的命运是他们的情况和状态。*fortuna mutari* 或 *immutari* 短句主要用于表示情况往坏的方向改变。见萨鲁斯提乌斯(Sallustius)，《喀提林阴谋》，2，《朱古达战争》，17；维莱乌斯·帕特尔库鲁斯，ii. 57, 118。——格伦涅鲁斯(Grunerus)

③ 公元前 50 年。——中译者

们在色萨利（Thessaly）的帕莱奥法萨鲁斯（Palaeopharsalus）①交战，双方都将大军陈列于战场之上。庞培的军队拥有步兵 4 万，左翼骑兵 600，右翼骑兵 500，他还拥有来自整个东方的辅助军，所有不计其数的贵族、元老、大法官和执政官级别的人物，还有一些曾经征服过强大民族的人物。恺撒军队步兵不过 3 万，骑兵则仅有 1 000。

XXI. 以前，罗马军队从未以如此大的规模聚集在一地，也从未有如此优秀的统师进行指挥。这批军队若被用于征讨蛮族，足以征服全世界。双方以极大的热忱作战，但最终庞培战败，他的军营被劫掠。庞培本人在逃跑途中前往亚历山大里亚寻求庇护，希望从埃及国王那里得到帮助，因为当时国王年幼，庞培被元老院任命为他的监护人。然而，这位国王更多地关注命运而非友谊，便命人将庞培杀害②，将其头颅和指环交给恺撒。据说见到庞培的头颅之后，甚至恺撒都流下了眼泪，因为这曾是一位如此伟大的人物，又曾是自己的女婿。

XXII. 恺撒随即前往亚历山大里亚。③ 托勒密试图阴谋加害于他，却因此而招致战祸④。他兵败之后死于尼罗河（Nile），他那披着黄金锁子甲的尸体后来被发现。恺撒使自己成为亚历山大里亚的主人，将王国交给托勒密的姐姐克莉奥帕特拉（Cleopatra）。他本人则与女王保持着不正当的关系。从当地返回后⑤，恺撒又在战斗中击败了米特拉达梯大王的儿子法尔那克斯⑥。后者曾经在色萨利帮助庞培，后又在本都起兵，占领了罗马人民的数个行省，最终他被迫自尽。

496

---

① 一般被称为法萨鲁斯（Pharsalus）；但帕莱奥法萨鲁斯，即老法萨鲁斯之名见于奥罗西乌斯，vi. 15 及斯特拉波，xvii，又被尤特洛庇乌斯的希腊文译者所用。
法萨鲁斯决战的时间为公元前 48 年 8 月 9 日。——中译者
② 公元前 48 年 9 月 28 日。——中译者
③ 公元前 48 年 10 月。——中译者
④ 恺撒在亚历山大里亚的战事自公元前 48 年 10 月延续到次年 3 月。——中译者
⑤ 公元前 47 年 6 月，恺撒离开亚历山大里亚。——中译者
⑥ 公元前 47 年 8 月 2 日，泽拉（Zela）战役。全部战事在 5 天内便结束，于是恺撒在致友人阿曼提奥斯（Amantius）的信件中说出了那句简洁而豪迈的话："我来了，我看见了，我胜利了"（Veni, vidi, vici）。见普鲁塔克，《恺撒传》，50。——中译者

XXIII. 恺撒从当地出发返回罗马①，他使自己第三次任执政官②，以马尔库斯·埃米利乌斯·雷必达为同僚。后者曾是他前一年任独裁官时的骑兵长官。接着，恺撒进军阿非利加③，因为大量贵族与毛里塔尼亚国王尤巴(Juba)一起正在重新挑起战争。当时罗马人的首领为普布利乌斯·科尔涅利乌斯·西庇阿、马尔库斯·佩特雷乌斯、昆图斯·瓦鲁斯、马尔库斯·波尔基乌斯·加图和鲁基乌斯·科尔涅利乌斯·法乌斯图斯。其中西庇来自西庇阿·阿非利加努斯那极为古老的家族(他还曾是庞培·马格努斯的岳父)，法乌斯图斯是独裁官苏拉之子。恺撒在经过多次战斗之后，与他们发生了一次激烈的对攻战并取得胜利。④ 加图、西庇阿、佩特雷乌斯和尤巴兵败自尽，庞培的女婿法乌斯图斯被恺撒所杀。

XXIV. 第二年，恺撒返回罗马⑤，并使自己第四次任执政官⑥，旋即进军西班牙⑦，因为庞培的儿子格奈乌斯和塞克斯图斯再次挑起一场大规模的战争。双方发生多次激战，最后的决战发生于孟达(Munda)城附近。⑧ 恺撒在其中几乎战败，当他的军队开始退却时，他试图自杀，以避免在身经百战且取得辉煌胜绩之后，却以 56 岁的高龄落入后生晚辈的手中。后来，他重新集合军队，终于取得胜利；庞培的长子被杀，次子奔逃。

XXV. 席卷整个世界的内战现在终于结束。恺撒返回罗马⑨，开

---

① 公元前 47 年 9 月，恺撒经由海路返回罗马。——中译者

② 公元前 46 年的执政官。——中译者

③ 公元前 47 年 12 月 17 日，恺撒到达西西里的利吕拜乌姆，25 日登船前往阿非利加。——中译者

④ 公元前 46 年 4 月 6 日，塔普苏斯(Thapsus)战役。——中译者

⑤ 公元前 46 年 6 月 13 日，恺撒登船航往萨丁尼亚，7 月 25 日到达罗马。——中译者

⑥ 公元前 45 年的执政官。——中译者

⑦ 公元前 46 年 12 月，恺撒到达西班牙。——中译者

⑧ 公元前 45 年 3 月 17 日。——中译者

⑨ 公元前 45 年 9 月。——中译者

始违背罗马的自由传统，表现得过于傲慢。他随意享受着以前只有通
497 过人民授予才能获得的荣誉，并且在元老们走近自己时甚至不起身，
他又在其他方面使用君主甚至暴君一样的权力，于是，60 名或更多的
罗马元老及骑士阴谋加害于他。阴谋团伙的首领是两个姓布鲁图的
人①（他们家族的祖先是那个曾经将王驱逐并当选罗马第一任执政官的
布鲁图），还有盖乌斯·卡西乌斯及塞尔维利乌斯·卡斯卡（Casca）。
后来在规定召开元老院会议的那一天②，恺撒与其他人一道进入元老
院，被刺 23 刀毙命。

---

① 马尔库斯·尤尼乌斯·布鲁图与德基穆斯·尤尼乌斯·布鲁图·阿尔比努斯。但
一般认为阴谋团伙的首领为盖乌斯·卡西乌斯·隆基努斯与马尔库斯·尤尼乌斯·布鲁
图。——中译者
② 公元前 44 年 3 月 15 日。——中译者

卷　VII

尤利乌斯·恺撒去世后所发生的战争，I；安敦尼逃往雷必达处，后者调解了他与屋大维的矛盾，他们的三头同盟，II；布鲁图和卡西乌斯的行动及死亡，安敦尼与屋大维瓜分帝国，III；对塞克斯图斯·庞培的战争，IV；阿格里帕在阿奎塔尼亚的胜绩，文提狄乌斯·巴苏斯击败帕提亚人，V；塞克斯图斯·庞培之死，安敦尼与克莉奥帕特拉的婚姻，安敦尼远征帕提亚并战败，VI；屋大维与安敦尼之间的战争，安敦尼与克莉奥帕特拉之死，埃及被并入罗马帝国，VII；屋大维获尊号奥古斯都，成为唯一的统治者，VIII；他的战争与胜绩，IX—X；提比略的性格与事迹，XI；卡里古拉的性格与事迹，XII；克劳狄的性格与事迹，他曾征服不列颠，XIII；尼禄的性格与事迹，在他的治下本都·波勒摩尼亚库斯和阿尔卑斯·科提埃两个行省被建立，XIV—XV；加尔巴的性格与事迹，XVI；奥托的性格与事迹，XVII；维特利乌斯的性格与事迹，XVIII；韦斯帕芗的性格与事迹，在他治下犹地亚被并入罗马版图，另有亚该亚、吕基亚、罗德斯、萨摩斯、色雷斯、基里基亚、科马格那等行省被建立，XIX—XX；提图斯的性格与事迹，XXI—XXII；图密善的性格与事迹，XXIII。

I. 恺撒遇刺之后，在约建城后第 709 年，内战重新爆发，因为元老院偏袒刺杀恺撒的凶手们。执政官安敦尼作为恺撒的党羽，力图通过一场内战将他们剿灭。于是共和国陷入混乱状态，安敦尼由于犯下诸多暴行而被元老院宣布为公敌。潘萨和希尔提乌斯两执政官①被派去追捕他。同行者还有年仅 18 岁的年轻人屋大维，即恺撒的外甥②，

498

他同时也被恺撒通过遗嘱确立为继承人，并且获准继承恺撒之名。就是此人后来被称为奥古斯都，并且获得了元首大权。于是，这三位将领出兵征讨安敦尼，将其击败。然而，那两位得胜的执政官皆丢掉性命，于是这三支军队都只归恺撒统率。

II. 安敦尼被击溃，并且丢掉自己的军队，他逃往雷必达处。后者曾担任恺撒的骑兵长官，当时拥有一支庞大的军队，他高兴地接纳了安敦尼。在雷必达的斡旋下，恺撒旋即与安敦尼和解。既然被恺撒通过遗嘱所收养，他便率领一支军队直逼罗马城，仿佛意在替父亲报仇。他通过强硬手段在年仅 20 岁的时候就获得执政官之职。他与安敦尼和雷必达在元老院中实行公敌宣告，并着手通过武力使自己成为共和国的主人。由于他们的举动，演说家西塞罗以及许多其他贵族被处死。

III. 与此同时，刺杀恺撒的凶手布鲁图和卡西乌斯挑起了一场大战，因为马其顿和东方有数支军队，受他们的统率。于是，恺撒·屋大维·奥古斯都与马尔库斯·安敦尼着手征讨他们（雷必达留守意大利），他们在马其顿的一座城市腓力比与敌人交战。在第一次战斗中，安敦尼和恺撒双双被击败，但贵族派的首领卡西乌斯阵亡。在第二次战斗中，他们战胜并斩杀了布鲁图以及与之在同一阵营的许多贵族。胜利者将共和国进行分配，奥古斯都获得了西班牙、高卢和意大利，

---

① 公元前 43 年。——中译者。

② *Caesaris nepos.*] 实则为甥孙。屋大维之母安提娅（Antia）为尤利乌斯·恺撒的姐姐尤莉娅（Julia）之女。这样，恺撒实则为屋大维的外叔公——格拉勒亚努斯（Glareanus）。

马尔库斯·安敦尼获得亚细亚、本都和东方。然而，那位与恺撒一同对战布鲁图和卡西乌斯的安敦尼的胞弟，执政官鲁基乌斯·安敦尼在意大利挑起另一场内战。他在图斯卡尼的一座城市佩鲁西亚附近兵败被俘，但并未被处死。

IV. 与此同时，格奈乌斯·庞培·马格努斯之子塞克斯图斯·庞培在西西里引发了一场大规模的战争，因为布鲁图和卡西乌斯党派的残余力量从各地汇聚到他的麾下。对塞克斯图斯·庞培的战争由恺撒·奥古斯都·屋大维和马尔库斯·安敦尼指挥。最后双方缔结和约。

499

V. 约当此时，马尔库斯·阿格里帕（Agrippa）在阿奎塔尼亚（Aquitania）取得巨大胜利。鲁基乌斯·文提狄乌斯·巴苏斯（Ventidius Bassus）也在三次战斗中击败了入侵叙利亚的波斯人。他斩杀了国王奥罗德斯之子帕科鲁斯（Pacorus），当时恰恰是波斯国王通过部将苏勒那之手杀死克拉苏的同一天。他第一个因战胜帕提亚人而在罗马举行了一次最名副其实的凯旋式。

VI. 与此同时，塞克斯图斯·庞培撕毁和约，后来在海战中被击败，便逃往亚细亚，又在当地被处死。

安敦尼作为亚细亚和东方的主人，现在休弃了恺撒·奥古斯都·屋大维的姐姐①，与埃及女王克莉奥帕特拉结婚。他还亲自率军与波斯人交战，在第一次战斗中击败敌人。然而他在归途中颇受饥饿和瘟疫之苦。他在撤退过程中遭到帕提亚人的逼迫，当时他犹如战败了一般从敌人面前撤退。

VII. 他又在自己的妻子、埃及女王克莉奥帕特拉的挑唆下挑起了一场大规模的内战，因为后者在一种妇人野心的刺激下妄图统治罗

---

① 公元前 40 年 10 月，新鳏的安敦尼迎娶了屋大维的姐姐，新寡的屋大维娅（Octavia）作为自己的第四任妻子，公元前 32 年，安敦尼将屋大维娅休弃。——中译者

马。他在伊庇鲁斯境内亚克兴的那场引人注目而名垂史册的海战①中被奥古斯都击败,随后从战场逃往埃及。他在当地发现已是山穷水尽,因为所有人都投靠了奥古斯都,便自尽而亡。克莉奥帕特拉用一条毒蛇咬伤自己,从而死于蛇毒。埃及被奥古斯都并入罗马帝国,格奈乌斯·科尔涅利乌斯·加鲁斯(Gallus)以大法官身份前去治理埃及。他是埃及人所拥有的第一位罗马仲裁人。

VIII. 屋大维·奥古斯都就这样将全世界范围内的战争全部结束,然后在自己当选执政官之后第 12 个年头返回罗马。② 从此,他作为唯一统治者掌权达 44 年之久,因为在以前的 12 年里,他与安敦尼及雷必达共同执掌政权。就这样,他的统治从开始到终结,历时 56 个春秋。他于坎帕尼亚市镇阿特拉(Atella)寿终正寝,享年 76 岁③。他的骨灰被埋葬在罗马的马尔斯广场。他在大多数方面有充分理由被认为接近于神,因为极少有人在战争时期比他还要成功,在和平时期比他还要谨慎。在单独掌权的这 44 年间,他表现出最大的谦恭,对所有人都慷慨大度,对朋友们忠诚无欺。他如此增加了朋友们的荣誉,竟然使他们显得仿佛与自己处于同等权力的地位。

IX. 罗马国家从未像现在这样繁荣昌盛,因为屋大维在内战中不仅未尝败绩,而且将埃及、坎塔布里亚(Cantabria)、达尔马提亚、潘诺尼亚(Pannonia)、阿奎塔尼亚(Aquitania)、伊利里库姆、莱提亚(Rhaetia)、阿尔卑斯山上的文德里基人(Vindelici)和萨拉斯人(Salassi)、本都的所有沿海城市全部并入罗马帝国。其中达尔马提亚此前经常被击败但从未彻底被征服,本都沿海城市中最有名的两个为博斯普鲁斯和潘提卡派昂(Panticapaeon)。他还在战斗中击败了达契亚人(Dacians),斩杀了无数的日耳曼人,将他们赶过阿尔比斯河(Albis)④。

---

① 公元前 31 年 9 月 2 日。——中译者
② 公元前 29 年。屋大维第一次任执政官是在公元前 43 年(替补)。——中译者
③ 英译者约翰·塞尔比·沃特森作 86 岁。——中译者
④ 今之易北河(Elbe)。——中译者

该河位于远离莱茵河的蛮族境内。然而，他让自己的继子德鲁苏斯（Drusus）指挥这场战争，又让另一位继子提比略（Tiberius）指挥对潘诺尼亚的战争。后者将4万名日耳曼战俘迁出日耳曼，然后将他们安置在莱茵河畔的高卢地区。他又从帕提亚人手中夺回亚美尼亚。波斯人此前从未向任何人交出人质，但现在向他交出。他们还将以前击败克拉苏时缴获的那些军帜（standards）归还给他。

X. 此前从未听闻罗马之名的斯基泰人和印度人（Indians），现在向他送来礼物派来使节。在他的治下，原先作为一个独立王国的加拉提亚被纳为一个行省，马尔库斯·洛利乌斯（Lollius）以大法官的身份首次治理该行省。他甚至受到蛮族的爱戴，以至于罗马人民的同盟者诸国王纷纷建立城市以予他尊荣。他们将这些城市命名为恺撒里亚（Caesarea），比如说国王尤巴在毛里塔尼亚所建的一座城市，以及巴勒斯坦（Palestine）的一座城市，后者现在是一著名城市。更有甚者，许多国王离开自己的王国，穿上罗马人的服装托加袍，鞍前马后地追随他。他死后被封为神。① 他将一个无比繁荣的国家传给继位者提比略。后者曾是他的继子，继而成为女婿②，最后被他收为养子。

XI. 提比略③在位期间以懒散怠惰、残忍暴虐、贪得无厌和荒淫 *501* 无道著称。他从未亲自出征，而是通过自己的部将进行所有战事。他引诱某些国王前来访问，却将他们扣住不放。卡帕多契亚国王阿尔克拉奥斯就遭到如此下场，他的王国被纳为一个行省，他的首府被以提比略之名命名，以前称马扎卡（Mazaca），现在改称恺撒里亚。提比略

---

① 奥古斯都于公元14年8月19日卒于坎帕尼亚的诺拉。根据塔西佗（Tacitus）与狄奥·卡西乌斯的记载，他的妻子李维娅（Livia）涉嫌毒杀亲夫。见塔西佗，《编年史》，i.5及狄奥·卡西乌斯，《罗马史》，lv.22；lvi.30。——中译者

② 奥古斯都之女大尤莉娅为提比略的第二任妻子，此前她曾有过两次婚姻，分别嫁给表兄马尔库斯·克劳狄·马尔克鲁斯和马尔库斯·维普萨尼乌斯（Vipsanius）·阿格里帕。——中译者

③ 公元14—37年在位。——中译者

死于坎帕尼亚，当时正值在位的第 23 个年头，人生的第 78① 个春秋②。他死时万民欢庆。

XII. 他的继位者是盖乌斯·恺撒，绰号卡里古拉（Caligula）③。此人为奥古斯都继子德鲁苏斯之孙，提比略本人的侄孙④。他是一位极其邪恶而残忍的君主，竟然令提比略的残暴统治相形见绌。他对日耳曼人发动了一场战争，然而在进入苏埃维亚（Suevia）之后却一事无成。他与自己的姐妹们乱伦，并且宣称与她们中一人育有一女。他极端贪婪、荒淫和暴虐，对所有人施行暴政，结果被刺杀于皇宫之中，时值人生的第 29 个春秋，在位第 3 年第 10 个月的第 8 天⑤。

XIII. 在他之后，克劳狄⑥掌权。此人是卡里古拉的叔父、德鲁苏斯的儿子。后者在摩贡提亚库姆（Moguntiacum）有一座纪念碑，他的孙子即为卡里古拉。克劳狄的统治毫无显著特色。他在某些方面表现得温和而自律，在其他方面则表现得残暴而愚蠢。他对不列颠开战，而自尤利乌斯·恺撒以来没有罗马人曾经前往该地。他通过格奈乌斯·森提乌斯和奥鲁斯·普劳提乌斯这两位卓越而高贵的人征服该岛，然后自己举行了一次盛大的凯旋式。他又将不列颠之外被称为奥尔卡德斯（Orcades）群岛的某些岛屿并入罗马帝国，并且授予自己的儿子布列塔尼库斯（Britannicus）的称号。他对自己的一些朋友也如此谦恭，以至于一个出身贵族的人普劳提乌斯在不列颠战事中取得许多引人注目的胜利后举行凯旋式时，他曾亲自陪同，并且在登上卡庇托

---

① 英译者约翰·塞尔比·沃特森将此处数字作 83。——中译者
② 提比略于公元前 37 年 3 月 16 日卒于坎帕尼亚的米塞努姆（Misenum）。——中译者
③ "卡里古拉"意为"小军靴"。该元首首于公元 37—41 年在位。——中译者
④ *Drusi privigni Augusti, et ipsius Tiberii nepos.*] 要么如达西埃夫人所观察的那样，文本有缺失，要么 nepos 被用于双重含义，既表示孙子也表示甥孙；因为卡里古拉的祖父德鲁苏斯为提比略的弟弟。我在译文中兼顾了这两层含义。
⑤ 公元 41 年 1 月 22 或 24 日。——中译者
⑥ 公元 41—54 年在位。——中译者

时走在他的左边。他享年 64 岁，在位 14 年①。他死后受到尊崇②，　*502*
并被封为神。

XIV. 在他之后，尼禄③即位。后者酷似自己的叔父卡里古拉，
二者全都令罗马帝国蒙羞和受损。他沉溺于如此奢靡铺张的生活，竟
然模仿盖乌斯·卡里古拉，用冷热两种香水沐浴，用紫色的丝结成
绳，用于织就黄金渔网捕鱼。他处死了大量元老院成员，与所有优秀
之人为敌。最后他不知羞耻到如此程度，竟然身着竖琴手和悲剧演员
的演出服在舞台上又唱又跳。他犯有多起弑亲罪行，谋害了自己的兄
弟、妻子和母亲。他对罗马城纵火④，以便欣赏从前特洛伊城陷被焚
时的壮观景象。

他在战争方面一事无成。他几乎将不列颠丢掉，因为在他治下，
岛上两个最为著名的市镇⑤被攻陷并夷为平地。帕提亚人将亚美尼亚
从他手上夺走，又逼迫几个罗马军团穿过轭门。然而，他在位时期也
新增了两个行省；本都·波勒摩尼亚库斯（Polemoniacus）因国王波勒
蒙（Polemon）的转让，科提亚·阿尔卑斯因国王科提乌斯去世而双双
成为罗马行省。

XV. 尼禄因在罗马城的斑斑劣迹而为万众唾弃，同时也众叛亲
离，又被元老院宣布为公敌。人们追捕他，企图对他施以严惩（预计

---

① 　克劳狄卒于公元 54 年 10 月 13 日。——中译者
② 　*Consecratus est.*〕该词确切含义似乎为"被作为一个顶礼膜拜的对象"。
③ 　公元 54—68 年在位。——中译者
④ 　公元 64 年夏，罗马城发生大火，持续燃烧了 6 天。城内 14 个区中仅幸存 4 个区，
3 个区被焚烧殆尽，其他区也遭到焚毁。罗马城内居民罹难者甚众。有传闻说是尼禄故意纵
火。——中译者
⑤ 　*Duo nobilissima oppida.*〕根据格伦涅鲁斯的观察，塔西佗在《编年史》中提及了三
座市镇，其中 xiv. 31 提及了卡美罗杜努姆（Camelodunum），xiv. 33 提及了伦狄尼乌姆（Lon-
dinium）和维鲁拉尼乌姆（Verulamium）。然而，苏埃托尼乌斯（Suetonius），《尼禄传》，39 和
奥罗西乌斯，vii. 7 皆提及两座。卡姆登（Camden）认为卡美罗杜努姆为埃塞克斯（Essex）境
内的莫尔登（Malden），维鲁拉尼乌姆则邻近圣阿尔班（St. Alban's）。

的惩罚方式是，给他的脖颈戴上轭枷①，将他赤身裸体地拖过大街小
巷，用木棒将他殴打致死，最后将他从塔尔佩亚山岩抛下）。他逃离
宫殿，在自己一个释奴的一所乡间别墅里自尽。此地介于萨拉里亚大
道(Salarian road)和诺门塔涅大道(Nomentane road)之间，位于罗马
城外 4 里程碑处。他在罗马城内营建的一些温水浴场，从前被称为尼
禄浴场，现在被称为亚历山大里亚浴场。他死于人生的第 32 个春秋，
在位的第 14 个年头。他的死标志着奥古斯都家族血脉的终结。

XVI. 继尼禄之后，塞尔维乌斯·加尔巴(Galba)②即位。此人本
为一元老，来自一个古老而高贵的家族，在 73 岁的时候被西班牙人
和高卢人拥立为元首，旋即顺利得到全军的拥护。因为他在作为一个
普通人的时候③，就在军事、政治方面表现卓越，曾多次任执政官、
执政官级别的总督，又在数次极为重要的战争中担任统帅。他在位时
间极短，但已经有了一个良好的开端，只是似乎表现得过分倾向于严
苛。然而，他在在位的第 7 个月被奥托阴谋杀害于罗马广场，后被葬
于他自己的花园。该花园位于奥理略大道，离罗马城并不遥远。

XVII. 加尔巴被杀后，奥托(Otho)④执掌大权。此人母系一方要
比父系一方地位稍高，但皆不属名门望族。他在私人生活中表现得优
柔寡断，又是尼禄的密友。他掌权期间的作为没有留下任何历史印

---

① *Furcâ capiti ejus insertâ.*] 我所见过的所有手稿与版本中皆一致出现上述词汇。然
而我承认并不了解 *furcam capiti inserere* 的具体含义，除非可用换置法(*hypallage*)对其进
行解释。Barthius ad Briton. (Philipp. 6，572)p. 458 明智地提出应该将其读作 *furcae capi-
te inserto*，奥登多尔庇乌斯(Oudendorpius)也在自己的版本页边中做出纠正。苏埃托尼乌
斯，《尼禄传》，49 提及 *cervicum inseri furcae*——维尔西克。舒克认为其可用换置法解释
capite furcae inserto，因此没有进行更改。我通过揣测作者本意进行了翻译。

② 公元 68—69 年在位。——中译者

③ *Private ejus vita.*]*Privata vita* 与 *imperium* 相对，在 7. 19 中也是如此；因为在帝
制时期，甚至从奥古斯都开始，人们就习惯于称元首之外的所有人为 *privati*，哪怕那些身
居高位的人。见雅尼(Jani)所编校的贺拉斯，《颂歌》，iii. 8，26. 因此在佐西穆斯(Zosi-
mus)，2.7 中ἰδιώτης与βασιλεὺς相对。——舒克。

④ 公元 69 年在位。——中译者

503

记，因为大约就在他杀死加尔巴的同时，维特利乌斯（Vitellius）也被日耳曼驻军推举为元首。于是奥托对其开战，却在意大利贝布里亚库姆①附近的一次小规模的遭遇战中战败，虽然当时依然保有一支强大的军队，虽然当时士兵们恳求他不要这么快对战局丧失信心，他却自杀而亡，并在临终前说道，自己没有那么重要，不值得引发一场内战。就这样，他在人生的第 38 个春秋，在位的第 95 天自愿赴死。

504

XVIII. 接下来，维特利乌斯②执掌大权。此人的家族门第虽不高贵，却享有盛誉，因为他的父亲出身并不高，即使他曾三度出任常规执政官。他的统治昏庸无道，以残暴，尤其是贪食暴食著称，因为据说他经常一天吃四顿到五顿饭。他的著名宴席中至少有一次被记录了下来，据说当时他的弟弟维特利乌斯在他面前的餐桌上摆放了 2 000 条鱼和 7 000 只禽类，另外还有大量其他昂贵的珍馐美味。

他竭力效法尼禄，甚至公开表现出这一点，以至于竟然对尼禄那简陋下葬的骨灰表示敬意。后来他被元首韦斯帕芗的部将们执杀。因为他曾经处死韦斯帕芗的兄长萨比努斯，并将其尸体与卡庇托一起焚烧。维特利乌斯被杀后，他被极端耻辱地拖过罗马城内各条公共街道示众。当时有人将他扒光衣服，提着他的头发，用一柄剑抵住他的下巴，从而将他的头部抬起。路边的人们用粪便投向他的面部和胸部。最后，他的头颅被砍下并抛入台伯河，他甚至没有得到普通的葬礼仪式。他死于人生的第 57 个春秋，在位第 8 个月的第 1 天。

XIX. 在他之后，韦斯帕芗③即位。此人在巴勒斯坦被拥立为帝，他出身低微，却堪与最贤明的元首媲美。他在作为一个普通人的时候④就表现卓越，因为他曾被克劳狄派往日耳曼尼亚，后又被派往不

---

① 此处地名或许当作 Bedriacum（贝德里亚库姆）。——中译者
② 公元 69 年在位。——中译者
③ 公元 69—79 年在位。——中译者
④ *Privata vita.*]见第 16 章注释。

列颠，他与敌人进行了 32 场战斗，又将两个极为强大的民族①、20
座市镇以及不列颠海岸附近的怀特岛（Wight）并入罗马帝国。在罗马
城，他在统治期间表现得极为自律。即使过分热衷追逐钱财，却从未
不公地剥夺任何人的财富；他极为勤勉与积极地积累财富，却又习惯
于慷慨地将其分享，尤其是与那些穷人分享。他比以前任何一位元首
都要慷慨大方和公正无私。他的秉性也是极为温良而慈蔼，以至于从
未主动对他人施加比放逐还要严重的惩罚，哪怕对那些谋逆者也是
如此。

505

在这位元首治下，犹地亚以及巴勒斯坦最著名的城市耶路撒冷被
并入罗马帝国。他还将此前一直保持自由的亚该亚、吕基亚（Lycia）、
罗德斯、拜占庭、萨摩斯（Samos）等地降为行省，同时也将那些原先
由作为各自罗马人同盟者的国王统治的色雷斯、基里基亚和科马格纳
（Comagena）等地降为行省。

XX. 他对别人的冒犯和敌意从不放在心上，对律师和哲学家们的
斥责也能够容忍，但却严厉地整肃军纪。他与自己的儿子提图斯因攻
陷耶路撒冷而一同举行了凯旋式。

就这样，他为元老院和人民，甚至为所有人爱戴。他因患腹泻而
死于萨宾乡间的别墅，时值人生的第 69 个春秋，在位第 9 个年头的
第 7 天。他死后被纳入诸神行列。

XXI. 在他之后，他的儿子提图斯②即位。此人也被称为韦斯帕
芗，在各方面都表现出出众的美德，以至于被视为所有人喜爱的对
象、喜悦的源泉。他尤其能言善辩、能征善战、温良自律。他能够用
拉丁语进行诉讼辩护，能够用希腊文创作诗歌和悲剧。在父亲麾下围
攻耶路撒冷期间，他百发百中，用弓箭射杀 12 名守城之敌。他主政

---

① *Duas validissimas gentes.*] 希腊文译者认为所指为不列颠人和日耳曼人。根据塔西
佗，《阿古利可拉传》，17 的说法，韦斯帕芗曾收复了不列颠。另一民族所指不详。
② 公元 79—81 年在位。——中译者

罗马期间，对公民同胞如此仁厚，竟然没有惩罚任何人。即便有人被证实曾经阴谋反对他，他也将他们释放，而且今后对待他们一如从前那样亲密。他就是如此宅心仁厚而慷慨大度，以至于从不拒绝任何人的要求。当因此受到父亲的责备时，他回答道，没有一个人应该心怀失落地从一位元首那里离开。因此，有一次在用晚餐的时候，他回想起当天没有帮助过任何人，便说道："哦，我的朋友们，我将这一天浪费了！"他在罗马城营建了一座圆形竞技场（amphitheatre），在落成仪式①上屠杀了5 000头野兽。

XXII. 他因这些事迹而深受爱戴，然而就在此时，他与父亲一样，在同一座别墅中罹疾辞世，当时他在位仅2年8个月零20天，正值人生的第42个春秋②。他的逝世令万民悲恸，致使所有人都进行哀悼，仿佛自家人去世一般。元老院当夜得知他去世的噩耗，匆忙连夜赶往元老院议事厅，对他千般敬仰万般赞颂，表达的情感甚至比他在世时还要充沛。提图斯死后被纳入诸神的行列。

XXIII. 接下来，图密善（Domitian）③执掌大权。此人为提图斯的胞弟，但更像尼禄、卡里古拉或提比略，而不似他的父亲与兄长。他在统治初期尚能自律行事，然而很快变得极端荒淫、易怒、残暴和贪婪。他引起了如此广泛的憎恶，以致将人们对其父亲和兄长美德的记忆抹得一干二净。他将元老院中那些最尊贵的成员处死。他史无前例地命人称自己为主人和神。他命人在卡庇托安置自己的雕像，但只允许用金银材质。他处死了自己的堂兄弟们。他的傲慢也令人极端厌恶。

他从事过四次战事，一次是对萨尔马提亚人（Sarmatians），另一次是对卡提人（Catti），还有两次是对达契亚人。由于战胜达契亚人和

①　公元80年6月。——中译者
②　公元81年9月13日。——中译者
③　公元81—96年在位。——中译者

卡提人，他举行了一次合并凯旋式。战胜萨尔马提亚后，他只是戴上月桂花冠。然而在这些战争中，他遭受过多次败绩，因为在萨尔马提亚，他的一个军团连同其长官一同被歼；在达契亚，执政官级别的奥庇乌斯·萨比努斯（Oppius Sabinus）和禁卫军长官（prefect of the praetorian cohort）科尔涅利乌斯·弗斯库斯（Fuscus）连同无数士兵被歼。他还在罗马城营建了几座公共建筑物，其中包括卡庇托［神庙］、特兰西托利乌姆广场（Transitorium）①、剧场（Odeum）、诸神柱廊（Porticus Divorum）、伊西丝（Isis）和塞拉庇斯（Serapis）神庙以及大竞技场。

然而，他由于累累罪行而为万众憎恨，后来被自己的奴仆阴谋杀害于自己的宫殿，时值人生的第 45 个春秋，在位的第 15 个年头②。他的尸体极不体面地被一些卑微的运尸人抬走，又被草草埋葬。

---

① 即涅尔瓦广场。——中译者
② 公元 96 年 9 月 18 日。——中译者

卷 VIII

涅尔瓦的公正与温良，I；图拉真的煊赫武功，他拓展了罗马帝国的边界，II—V；哈德良嫉妒图拉真的丰功伟绩，收缩了帝国的边界，转而发展艺术与和平事业，VI—VII；安东尼努斯·庇护的美德，VIII；继他之后，共和国出现了两位权力对等的元首马尔库斯·安东尼努斯·维鲁斯和鲁基乌斯·安东尼努斯·维鲁斯，马尔库斯的学识与性格，他单独指挥或与维鲁斯共同指挥的帕提亚、日耳曼战争以及对马尔科曼尼人的战争，IX—XIV；安东尼努斯·康茂德，他仅在对日耳曼人作战获胜一方面有似其父，XV；赫尔维乌斯·佩尔提那克斯，XVI；萨尔维乌斯·朱利亚努斯，XVII；阿非利加人塞普提密乌斯·塞维鲁击败自己的皇位争夺者，征服了帕提亚人、阿拉伯人和阿狄亚贝尼人，XVIII；他的学识，他在不列颠的战事及卒于当地，XIX；安东尼努斯·卡拉卡拉，XX；奥庇利乌斯·马克利努斯和狄亚杜美努斯，XXI；赫利奥加巴鲁斯，XXII；亚历山大·塞维鲁，他战胜波斯人，他整肃军纪，乌尔比安生活于他的治下，XXIII。

I. 建城后第 850 年，即维图斯(Vetus)和瓦伦斯(Valens)执政官年①，有赖好运的眷顾，帝国迎来了几位贤明元首的统治，又恢复到

---

① 公元 96 年。——中译者

极为繁荣的状态。在图密善这个嗜杀成性的暴君之后，涅尔瓦①即位。此人在私人生活中表现得自律而积极，又出身贵族——即使并不属于最高级别。他于高龄之时，在禁卫军长官佩特罗尼乌斯·塞孔都斯（Petronius Secundus）和弑杀图密善的凶手之一帕尔特尼乌斯（Parthenius）的支持下被拥立为帝，然后他处事公正而谦和②。他以神一般的远见卓识，收图拉真为养子③，从而为国家营造了福祉。他在位 1 年 4 个月零 8 天后死于罗马城，时值人生的第 72 个春秋④，死后被纳入诸神行列。

II. 在他之后，乌尔庇乌斯·克利尼图斯·图拉真（Ulpius Crini-tus Trajanus）⑤即位。此人生于西班牙的意大利卡（Italica）⑥，其家族古老但并不显赫，因为他的父亲是家族中首位执政官。他在高卢境内一座城市阿格里皮那（Agrippina）⑦被推举为元首。他治国有道，以至于实至名归地被誉为最佳元首。他处理国事极富雄才大略，又魄力非凡。罗马帝国的边界自奥古斯都以来更多是处于防御状态，而并未有过光荣的扩张，却因他而拓展得遥远且广阔。他在日耳曼重建了一些城市，通过战胜德克巴鲁斯（Decebalus）而征服了达契亚，又在多瑙河彼岸建立了一个行省。此地现被塔伊法里人（Thaiphali）、维克托亚里

508

---

① 公元 96—98 年在位。——中译者

② *Se civilissimum praebuit.*］*Civilis* 用于人，其确切含义为此人"表现得像一位公民对自己的公民同胞一样"，通常被解作"礼貌的、和善的、谦恭的"。*Civititas* 含义有两种，一种源自 *civilis* 的这种含义，另一种为"统治的艺术，或以一位 *civitas*，或个人身份处理事务的艺术"。这些词经常见于尤特洛庇乌斯的文本；我总是根据上下文需要确定采取何种义项。

③ 公元 97 年 10 月。——中译者

④ 公元 98 年 1 月 28 日。——中译者

⑤ 公元 98—117 年在位。——中译者

⑥ 拜提斯河（Baetis，今之古亚达尔奎维尔河，Guadalquivir）上的一座市镇，邻近塞维勒（Seville），亦为哈德良出生地。

⑦ 乌比伊人（Ubii）境内一座市镇，因作为阿格里皮那的出生地而得名，即今之科隆（Cologne/Köln）。英译者约翰·塞尔比·沃特森将此注置于 IX.18，实则阿格里皮那最早见于文中此处。——中译者

人（Victoali）和特鲁因基人（Theruingi）占据。该行省周长 1 000 里。

III. 他收复了曾被帕提亚人占据的亚美尼亚，处死了当政的帕尔塔马西勒斯（Parthamasires）。他为阿尔巴尼人确立了一位国王。他接受伊伯里亚人、萨尔马提亚人、博斯普鲁斯人、阿拉伯人、奥斯德罗伊尼人（Osdroeni）及科尔基斯人的国王作为同盟者。他征服了科尔杜伊涅人（Cordueni）、马尔科美狄人（Marcomedi），又征服了波斯的一片广阔的领土安特姆西亚（Anthemusia）。他征服并占领了塞琉基亚、特西封（Ctesiphon）、巴比伦（Babylon）和美塞尼人（Messenii）的国家。他一路挺进到印度边境和红海，并在当地建立了三个行省：亚美尼亚、亚述（Assyria）和美索不达米亚，将与马德那（Madena）①接壤的诸部落囊括其中。后来，他又将阿拉伯设为行省。他还在红海创建一支舰队，以便用其破坏印度沿海地区。

IV. 他作为统治者，在能力和判断方面又超越了军事上的辉煌建树。他能够平易近人，每当朋友罹疾或欢度节庆，他都经常亲自前往家中拜访②。他又以无分尊卑的宴会款待亲朋好友，也经常与他们一起乘坐自己的战车。他没有不公正地对待任何一名元老，也没有获取不义之财。他对所有人都慷慨大度，对于那些他所熟悉的人，哪怕只有过一面之交的人，他都通过公共或私人的途径，非常信任地授予他们官职，增加他们的荣誉。他在全世界进行城市建设，又授予许多城邦免税权。他行事温和而仁慈，以至于在他在位期间，仅有一位元老被判有罪，而且是在图拉真不知情的情况下经元老院判决的。因此，在全世界看来，他仅次于神，于是无论生前还是死后都众望所归地赢得了最高的尊荣。

V. 在他的所有箴言中，下列这条足以名垂史册。他的朋友曾经

509

---

① Madena，舒克就采取此种写法。此地后来名为 Media，因此此处似乎当写作 Medena；克拉利乌斯在其塞克斯图斯·鲁弗斯，16 版本中就采取此种写法。

② *Gratia salutandi.*］"以向他们道贺或致敬"。

批评他对所有人都如此谦恭，他回答道，一位元首如何对待臣民，就会得到臣民何样的回报。

他在战场和国内取得了如此的丰功伟绩之后，在从波斯返回途中于伊扫里亚(Isauria)的塞琉基亚因患腹泻而去世①，时值人生第 63 个春秋第 9 个月的第 4 天，在位第 19 个年头第 6 个月的第 15 天。他被纳入诸神的行列，而且是所有元首中唯一被葬入罗马城内的。他的遗骨被放入一只黄金的骨灰瓮，埋在他所建的广场中那高 144 足②的纪功柱底下。他的英名永远留在人们记忆当中，甚至直到我们的时代，人们在向元首欢呼致敬时都喊"鸿运超越奥古斯都，贤德堪比图拉真"！他的贤德美名万世流芳，结果为那些假意恭维或真心赞美他人的人提供了最为高贵的典范。

VI. 图拉真去世后，埃利乌斯·哈德良(Aelius Hadrian)③被推举为元首。他的即位并非由于图拉真本人的明确意旨，而是通过后者之妻普罗提娜(Plotina)的操纵。因为图拉真在世期间拒绝收养哈德良，即使后者为其表弟④之子。哈德良也生于西班牙的意大利卡。他嫉妒图拉真的丰功伟绩，便立即放弃了后者刚并入帝国的三个行省，从亚述、美索不达米亚和亚美尼亚撤军，并且决定将幼发拉底河作为帝国的边界。他还决定以同样的方式对待达契亚，这次被朋友们劝阻。他们唯恐大量的罗马公民落入蛮族手中，因为图拉真在征服达契亚之后，发现由于对德克巴鲁斯的长期战争，当地人口锐减，便从整个罗

510

---

① 公元 117 年 8 月 8 日。——中译者

② 长度单位，1 足约合 11.6 英寸或 29.5 厘米。图拉真纪功柱由两部分构成，其中柱身高约 28.9 米，基座高约 6.2 米，整体高度约 35.1 米。——中译者

③ 公元 117—138 年在位。——中译者

④ *consobrinae(consobrinus)*一词就狭义而言指姨表兄弟、姐妹，而就广义而言可指任何堂、表兄弟、姐妹。英译者约翰·塞尔比·沃特森在注中引格拉勒亚努斯观点，指出此人为多米提娅·鲍莉娜(Domitia Paullina)，即哈德良之母。实则图拉真之父老图拉真为哈德良父老哈德良的舅舅。斯巴提亚努斯(Spartianus)，《哈德良传》，1 记载老哈德良为元首图拉真的表兄弟。哈德良之母多米提娅·鲍莉娜来自西班牙一著名的元老级别的家庭，其生平不详。——中译者

马帝国境内迁移过去大量的人口，让他们在当地乡间和城市定居。

VII. 然而，他在整个在位期间都享受着和平。他所进行的唯一战争也是委托某行省总督指挥的。他在罗马帝国全境巡视，还大兴土木。他在拉丁语方面极为雄辩，在希腊语方面则非常博学。他在宽厚仁慈方面并无较大名声，却极为关注财政状况和军队风纪。他卒于坎帕尼亚①，时值在位第 21 个年头第 10 个月的第 29 天，享年逾 60 岁。元老院本不打算授予他神化的荣誉，但他的继任者提图斯·奥理略·弗尔维乌斯·安东尼努斯②想要竭力促成此事，最后在所有元老的公开反对声中还是如愿以偿。

VIII. 哈德良去世后，提图斯·安东尼努斯·弗尔维乌斯·波伊奥尼乌斯(Boionius)③即位，此人又被称为"庇护"。他的家族并不古老，却极为显赫。他本人品德高尚，被认为堪与努马·庞庇利乌斯媲美，正如图拉真堪与罗慕路斯媲美一样。他在即位之前就行事得体，即位之后更是如此。他对任何人都从不刻薄，而是极为宽厚。他的军事建树有限，因为他致力于防御诸行省，而非拓展他们。他选取那些最公正的人担任公职。他对优秀之人表示敬意，对恶劣之人表示厌恶，但并未伤害他们。那些作为罗马同盟者的国王对他更多感到崇敬而非畏惧，于是许多蛮族国家在遇到纠纷和争端时并不诉诸武力，而是前来请他仲裁，并且服从他的意见。他即位之前就非常富有，但后来将家财用作士兵的军饷和给朋友们的奖赏，于是他的个人财富逐渐减少，但国库却充盈起来。他因宽厚仁慈而获得"庇护"的尊号。他于 *511* 距罗马城 12 里的自家地产洛里乌姆去世，时值人生的第 73 个春秋，

---

① 公元 138 年 7 月 10 日。——中译者

② 英译者约翰·塞尔比·沃特森将此处作安敦尼。——中译者

③ *Boionius.*]在卡佐邦所校的卡庇托利努斯，《提图斯·安东尼努斯传》，1 中以及达西埃夫人所编校的奥理略·维克托尔，《恺撒列传》，16 中，该词被认为源自提图斯·安东尼努斯的外祖母 Boionia Procilla. 他被外祖母收养。

公元 138—161 年在位。——中译者

在位的第 23 个年头①。他被纳入诸神行列，并且实至名归地得到人们的崇敬。②

IX. 继他之后进行统治的是马尔库斯·安东尼努斯·维鲁斯（Verus）③。此人无疑出身高贵，因为他的家系在父亲一方可追溯到努马·庞庇利乌斯，在母亲一方可追溯到萨伦提涅斯人（Sallentines）的一位国王④。鲁基乌斯·安东尼努斯·维鲁斯⑤成为他的共治者。就在当时，罗马国家首次出现两位权力对等的最高统治者，因为此前一直每次只有一位奥古斯都。

X. 此两人不仅有家族联系⑥，更有姻亲纽带，因为维鲁斯·安东尼努斯娶了马尔库斯·安东尼努斯的女儿，而马尔库斯·安东尼努斯是安东尼努斯·庇护的女婿，因为他娶了自己的表妹小加勒莉娅·法乌斯提娜（Galeria Faustina）。他们对帕提亚人作战，因为后者当时继被图拉真征服之后，首次反叛。维鲁斯·安东尼努斯外出指挥战争，他本人驻扎在安条克城和亚美尼亚边境，通过部将取得多次重要战绩：他攻陷了亚述最著名的城市塞琉基亚，俘虏 4 万余众；他从帕提亚掳回大量战利品，并与自己的兄长兼岳父一道举行了这次凯旋式。他在从孔科尔狄亚（Concordia）前往阿尔提努姆的途中，死于维涅提亚⑦。当时他与自己的兄长共乘一辆马车，突然感到脑出血。此疾⑧被希腊人

---

① 公元 161 年 3 月 7 日。——中译者

② *Consecratus.*] 见 vii. 13 注释。

③ 公元 161—180 年在位。——中译者

④ 萨伦提涅斯人为意大利卡拉布里亚一个民族；依据卡庇托利努斯，《马尔库斯·奥理略传》，1 的说法，这位国王的名字是马伦尼乌斯（Malennius）。

⑤ 公元 161—169 年在位。——中译者

⑥ *Genere.*] 二者皆被安东尼努斯·庇护收养；见卡庇托利努斯，《安东尼努斯·庇护传》，4。因此，维鲁斯在下述文献中称为马尔库斯的弟弟；奥勒利乌斯·维克托尔，《恺撒列传》，16；Jamblichus ap. Photium, p. 242；卡庇托利努斯，《鲁基乌斯·维鲁斯传》，4，11；奥罗修斯，vii. 15. ——舒克。

⑦ 维涅提人（Veneti）居住的领土，其中坐落着孔科尔狄亚和阿尔提努姆；二者之间相距约 31 英里。

⑧ *Casu morbi.*] 格拉勒亚努斯（Glareanus）用 *eventu* 解释 *casu. Casus morbi* 似乎与 *morbus* 或 *morbus subitus* 相同。VIII. 12 中出现了 *casus pestilentiae.*

称为中风。他在生活中并不控制自己的情绪，但出于对兄长的尊敬，*512*
从不粗暴行事。他死于在位的第 11 个年头，死后被纳入诸神行列。

XI. 此后，马尔库斯·安东尼努斯单独掌权。此人更容易获得他
人的敬佩，但并不足以赢得赞美。他从早年起便性情平和稳重，甚至
早在孩提时期就喜怒不形于色。他信奉斯多亚派哲学，本身即为一位
哲学家，在生活方式与学术训练方面都是如此。他在青年时期就如此
受人钦佩，以至于哈德良决定立他为继任者。然而，他既已收养了提
图斯·安东尼努斯·庇护，便希望马尔库斯成为提图斯的女婿，以便
通过这种渠道促成马尔库斯即位。

XII. 卡尔克敦人阿波罗尼奥斯教授他哲学，普鲁塔克之孙、凯洛
涅亚人(Chaeronea)塞克斯图斯传授他希腊语，而著名演说家弗隆托
(Fronto)则指导他拉丁文学。在罗马城，他以平等的身份对待所有
人，从未因位及元首而表现得傲慢。他为人极为慷慨大方，在行省治
理方面极为仁慈而宽厚。在他治下，对日耳曼人的战事进展顺利。他
亲自指挥了一次对马尔科曼尼人(Marcomanni)的战争，但这次战争在
人们记忆中如此规模宏大[1]，只有布匿战争才能与之相提并论。全军
覆没的结果令此战显得尤其惨烈：因为军队在元首率领下战胜帕提亚
人之后[2]，内部爆发了一场毁灭性的大瘟疫，结果罗马城内、整个意
大利以及所有行省、有人居住的大部分地区以及几乎所有军队都有数
量众多的人罹疾而亡。

XIII. 后来，在付出极大的辛劳与忍耐之后，经过整整三年艰苦
卓绝的战争，他最终于卡尔努恩图姆(Carnuntum)[3]将马尔科曼尼战*513*
争结束。在此战中，夸狄人(Quadi)、汪达尔人(Vandals)、萨尔马提
亚人、苏维汇人(Suevi)以及当地所有的蛮族全都加入到马尔科曼尼

---

① *Quantum nullā memoriā fuit.*〕同样的文字亦见于卡庇托利努斯，《马尔库斯·奥
理略传》，17。其含义似乎为，以前对日耳曼人的战争中没有跟这场战争同样可怕的。

② 见第 10 章。

③ 上潘诺尼亚一座市镇，位于多瑙河畔。

75

人一方起兵作乱。他歼敌数千，将被奴役的潘诺尼亚人解放，在罗马城与自己的儿子康茂德·安东尼努斯一道举行了第二次凯旋式。此前他已将康茂德立为恺撒。① 他没有钱支付士兵军饷，因为公库中的钱财已经在战争中耗尽，他又不愿意对诸行省或元老院征税，便在元首图拉真的广场上将所有皇室家具和饰物拍卖。被拍物中有黄金器皿、水晶杯、宝石杯②、他妻子及他本人那绣以金线的丝绸服装、无数的宝石饰品。这场拍卖会持续了两个月的时间，最后筹集了大量金钱。然而，在取得胜利之后，买主若愿意将拍物品归还，他还是会原价买回，但若买主愿意保留，他也听任其便。

XIV. 他允许那些声名显赫之人按照与他同样的规格举办盛大宴会，使用同样数量的侍者。他在取胜之后举办的赛会如此盛大，据说竟然同时展出了 100 头狮子。他治国有道、秉性温良，从而使得国泰民安，但在在位的第 18 个年头，人生的第 61 个春秋去世③，死后被纳入诸神行列，因为所有人一致投票决定将这一荣誉授予他。

XV. 他的继承人鲁基乌斯·安东尼努斯·康茂德（Commodus）④丝毫不类其父，除了在对日耳曼人的战争中取得过胜利。他曾力图将九月份以自己的名字命名为"康茂德之月"⑤。然而，他因生活骄奢淫逸而腐化堕落。他经常手持角斗士的武器在角斗训练学校中参加格斗，后来又与这班人在大竞技场格斗。他在父亲之后统治了 12 年零 8 个月后⑥，在万众的咒骂声中去世。他死得太突然，以致被认为是被扼死或毒死。他在死后还被宣布为"人类公敌"。

514

---

① 现在，恺撒的头衔被授予地位仅次于元首，并且将要继承帝位的人。康茂德被立为恺撒的时间为公元 177 年。——中译者

② *Murrhina*.］*Murrha* 究竟为何物并不清楚。据认为其为陶瓷（porcelain），但现在一般被推测为某种宝石。

③ 公元 180 年 3 月 17 日。——中译者

④ 公元 180—192 年单独在位。——中译者

⑤ 根据舒克的观察，他打算将八月命名为康茂德之月，将九月命名为赫丘力乌斯之月。见拉姆普利狄乌斯，《康茂德传》，11。

⑥ 公元 192 年 12 月 31 日。——中译者

XVI. 在他之后，70 岁高龄的佩尔提那克斯（Pertinax）①即位。此人原先担任罗马市长，后被元老院通过法令立为元首。然而在即位后的第 80 天②，由于朱利亚努斯的阴谋诡计，他死于禁卫军哗变。

XVII. 他死后，萨尔维乌斯·朱利亚努斯③掌权。此人出身贵族，精通法律。他是那位在元首哈德良在位期间编纂《永久敕令》（perpetual edict）④的萨尔维乌斯·朱利亚努斯之孙。他在米尔维亚桥（Milvian bridge）被塞维鲁（Severus）击败，后被杀于宫中⑤。他在即位后仅活了8 个月。

XVIII. 后来，塞普提密乌斯（Septimius）·塞维鲁⑥执掌罗马帝国的大权。此人来自阿非利加，生于特里波里斯（Tripolis）行省的勒普提斯（Leptis）市镇。到目前为止，他是所有元首中唯一一位阿非利加人。他一开始担任国库协理官，继而担任军政官，后来又担任过几种荣誉官职，最后一跃而执掌国家大权。他曾希望被称为佩尔提那克斯，以纪念那位被朱利亚努斯杀死的同名者。他极度吝啬，又天性残暴。他进行了多次战争，并取得了胜利。他杀死了曾在埃及、叙利亚和居吉科斯掀起叛乱的佩斯肯尼乌斯·尼格尔（Pescennius Niger）。他击败了帕提亚人、内地的阿拉伯人以及阿狄亚贝尼人（Adiabeni）。他彻底征服了阿拉伯人，然后将当地设为一个行省。他因此被称为帕尔提库斯（Parthicus）、阿拉比库斯（Arabicus）和阿狄亚贝尼库斯（Adiabenicus）。他在整个罗马世界重建了许多建筑。也正是在他统治期间，曾经帮助朱利亚努斯杀害佩尔提那克斯的克罗狄乌斯（Clodius）·阿尔比努斯在高卢自任恺撒，后被他击败并杀死于鲁格敦努姆（Lug-

515

---

① 公元 193 年在位。——中译者
② 公元 193 年 3 月 28 日。——中译者
③ 公元 193 年在位。——中译者
④ 从前，大法官们习惯于根据当年公正治理的需要，各自颁布各自的法令；因此，各种法令当然会极不相同；然而此《永久敕令》使得诉讼程序统一化。
⑤ 公元 193 年 6 月 1 日。——中译者
⑥ 公元 193—211 年。——中译者

dunum)①。

XIX. 塞维鲁除了武功煊赫外，对文化修养的追求也颇引人注目，因为他不仅精通文学，还博晓哲学。他所从事的最后一场战争是在不列颠。为了确保他所夺取的这个行省的安全万无一失，他在两片海域之间修筑了一条长 133② 里的壁垒。他在埃伯拉库姆（Eboracum）③高龄而卒④，死于在位的第 16 个年头第 3 个月⑤，死后荣获神的尊号。他留下两个儿子巴西亚努斯和格塔（Geta）作为自己的继承人，但希望元老院将安东尼努斯之名只授予巴西亚努斯一人。后者于是被称为马尔库斯·奥理略·安东尼努斯·巴西亚努斯（Antoninus Bassianus），并且成为父亲的继承人。至于格塔，他被宣布为公敌，旋即被处死。

XX. 马尔库斯·奥理略·安东尼努斯·巴西亚努斯亦称卡拉卡拉（Caracalla）⑥，此人性格颇似其父，只是更加凶恶粗暴。他在罗马城建起一座豪华浴场，又将其命名为安东尼努斯浴场⑦，但除此之外再无值得记录的事迹。他无法控制自己的情欲，因为他娶了自己的继母尤莉娅。他正当谋划远征帕提亚人时，卒于埃德萨（Edessa）附近的奥斯德罗伊涅（Osdroene）⑧，时值在位第 6 个年头第 2 个月，享年刚满42 岁。他死后被举行公共葬礼。

XXI. 曾任禁卫军长官的奥庇利乌斯·马克利努斯（Opilius Macri-nus）及其子狄亚杜美努斯（Diadumenus）双双被推举为元首⑨，但他们

---

① 今之里昂（Lyons）。——中译者
② 英译者约翰·塞尔比·沃特森将此处数字作 32。——中译者
③ 今之约克（York）。——中译者
④ 公元 211 年 2 月 4 日。——中译者
⑤ 英译者约翰·塞尔比·沃特森作第 18 个年头第 4 个月。——中译者
⑥ 公元 211—217 年单独在位。——中译者
⑦ *Opus lavacri，que Atoninianae appellantur.*］根据舒克的观察，词格与数量的变化使得读者怀疑文本一定有误。克拉利乌斯补充了 *thermae* 一词。
⑧ 更为常见的写法为奥斯罗伊涅（Osrhoene）。
卡拉卡拉去世时间为公元 217 年 4 月 8 日。——中译者
⑨ 公元 217—218 年在位。——中译者

在位时间短暂，只有 1 年零 2 个月，因而没有什么值得铭记的事迹。他们双双死于一场兵变。

XXII. 此后，马尔库斯·奥理略·安东尼努斯①被拥立。此人据 *516* 认为系安东尼努斯·卡拉卡拉之子。然而，他原为赫利奥加巴鲁斯（Heliogabalus）②神庙的一名祭司。他被军队和元老院寄予厚望，来到罗马城，却以各种恶行而玷污了自己的清名。他过着极端无耻而淫邪的生活，在即位后第 2 个年头的第 8 个月末死于士兵哗变③。他那叙利亚籍的母亲索伊米娅（Soëmia）与他一同被杀。

XXIII. 在他之后，奥理略·亚历山大④即位。此人当时极为年轻，即分别被军队和元老院授予恺撒和奥古斯都之名。他对波斯人作战，击败了他们的国王薛西斯，赢得了极大的荣耀。他治军严厉，将那些哗变的军团整个解散。他请法典编纂者乌尔比安（Ulpian）担任自己的顾问，或曰国务秘书（secretary of state）。他在罗马城深受爱戴。在当政后第 13 个年头的第 8 天⑤，他在高卢死于军队哗变。他表现出对母亲马麦娅（Mammaea）的深爱。

---

　① 公元 218—222 年在位。——中译者
　② 埃美萨（Emesa）的一位叙利亚-腓尼基神祇；因此他本人被称为赫利奥加巴鲁斯。他因祖母尤莉娅·摩伊萨（Moesa）施计而被拥立为帝；因为后者谎称他为卡拉卡拉之子。
　③ 公元 222 年 3 月 11 日。——中译者
　④ 公元 222—235 年在位。——中译者
　⑤ 公元 235 年 3 月 19 日。——中译者

卷　IX

马克西米努斯在日耳曼作战并取得胜利，I；普庇耶努斯、巴尔比努斯和戈尔狄亚努斯三帝并立，戈尔狄亚努斯成为唯一元首，他对波斯人作战，II；腓力父子两人，罗马建城千年，III；德基乌斯在高卢平定一次叛乱，IV；加鲁斯，荷斯提利亚努斯及加鲁斯之子沃鲁西亚努斯，V；埃米利亚努斯的短暂统治，VI；瓦勒利亚努斯与加利耶努斯的无道统治，几人紫袍加身，VII—X；克劳狄击败哥特人，他的荣耀，XI；昆提鲁斯，XII；奥勒利亚努斯击败哥特人、特特利库斯和泽诺比娅，他镇压了罗马的一次变乱，他的性格，XIII—XV；塔西佗、弗罗利亚努斯，XVI；普罗布斯，他在高卢和潘诺尼亚的行动，XVII；卡鲁斯，他在波斯的胜绩，他与努美利亚努斯的去世，XVIII—XIX；戴克里先称帝，卡利努斯被推翻，高卢的一次叛乱被平定，XX；赫丘力乌斯被扶上帝位，君士坦丁和马克西米亚努斯被立为恺撒，在不列颠、埃及、阿非利加以及阿拉曼尼人中的行动，XXI—XXIII；马克西米亚努斯在波斯的无常命运，卡尔庇人、巴斯塔尔奈人及萨尔马提亚人被征服，XXIV—XXV；戴克里先与马克西米亚努斯的性格，他们放弃君权，XXVI—XXVIII。

I. 在他之后，马克西米努斯（Maximin）①即位。此人史无前例地因士兵的选举而称帝，而且未经元老院的批准，其本人也并非元老。他指挥了一次对日耳曼人的战争并取得胜利，因此被自己的士兵欢呼为"统帅"②，后来他被士兵背弃，连同自己年幼的儿子一起被普庇耶努斯（Pupienus）杀死于阿奎雷亚（Aquileia）③。他与儿子一起在位 3 年零数天。

II. 后来出现了三位奥古斯都并立的局面，他们是普庇耶努斯、巴尔比努斯和戈尔狄亚努斯（Gordian）④，其中前二者出身卑微，后者出身贵族，因为在马克西米努斯在位期间，戈尔狄亚努斯的父亲老戈尔狄亚努斯在任阿非利加执政官级别的总督期间曾被士兵拥立为帝。当巴尔比努斯和普庇耶努斯来到罗马后，他们被杀于宫中⑤，于是，帝国落入戈尔狄亚努斯一人手中。

戈尔狄亚努斯在少年时期便在罗马娶特兰奎莉娜（Tranquillina）为妻。他打开了雅努斯（Janus）神庙的大门，然后挥兵东进，对帕提亚人作战，因为当时后者开始入侵罗马。他很快将这场战争胜利结束，并且通过几次大战力挫波斯人。他在返回途中因腓力的背叛而被杀于距罗马边界不远处。⑥ 腓力继他之后称帝。罗马士兵为戈尔狄亚努斯树立了一座纪念碑。此地距基尔克苏斯（Circessus）20 里，现为罗马人的一座要塞，俯瞰幼发拉底河。他的骨灰被带回罗马，他本人被授予神的头衔。

III. 戈尔狄亚努斯被杀后，腓力父子两人⑦夺取了大权，他们将

518

---

①　公元 235—238 年在位。——中译者

②　根据舒克的意见，*Imperator* 一词在此取古意，因为马克西米努斯是在获胜之后被欢呼此称号。赫罗狄亚努斯（Herodian），vii. 2 明确指出，他此前已经称帝。

③　河外高卢境内一座城市，位于亚德里亚海顶端（北端——中译者）。

④　公元 238 年在位。——中译者

⑤　公元 238 年 7 月 29 日。——中译者

⑥　公元 244 年 2 月 11 日。——中译者

⑦　腓力一世（马尔库斯·尤利乌斯·腓力，亦称阿拉伯人腓力）与腓力二世（马尔库斯·尤利乌斯·腓力·塞维鲁），公元 244—249 年在位。——中译者

军队安全带回，又从叙利亚前往意大利。在他们统治期间，罗马进行了建城千年大庆，其间举办了规模盛大的赛会与表演。不久之后，父子两人皆被士兵处死①；老腓力死于维罗那，小腓力死于罗马。他们在位时间仅有 5 年，却在去世之后被纳入诸神行列。

IV. 此后，德基乌斯②执掌大权。此人来自下潘诺尼亚，生于布达里亚（Budalia）。他镇压了一场在高卢爆发的内战，又将自己的儿子③立为恺撒。他在罗马建了一所浴场。他与儿子统治了两年之后，在蛮族境内被杀④，死后被纳入诸神行列。

V. 紧接着，加鲁斯（Gallus）⑤、荷斯提利亚努斯（Hostilianus）⑥以及加鲁斯之子沃鲁西亚努斯（Volusianus）⑦同时被推举为帝。在他们统治期间，埃米利亚努斯在摩伊西亚（Moesia）试图发动一次变乱。他们两人⑧一同前去镇压，结果在因特拉姆那（Interamna）⑨被杀⑩，当时他们在位尚不足 2 年时间。他们没留下任何值得记载的事迹。他们在位期间只有一场大瘟疫以及其他大病小疾引人注目。

VI. 埃米利亚努斯⑪出身并不显赫，治道更是乏善可陈，在位第 3 个月时被杀⑫。

---

① 公元 249 年 9/10 月。——中译者
② 公元 249—251 年在位。——中译者
③ 赫伦尼乌斯·埃特鲁斯库斯（Herennius Etruscus）。——中译者
④ 公元 251 年 6 月。——中译者
⑤ 公元 251—253 年在位。——中译者
⑥ 德基乌斯幼子，赫伦尼乌斯·埃特鲁斯库斯的兄弟，公元 251 年在位。——中译者
⑦ 公元 251—253 年在位。——中译者
⑧ *Ambo.*］加鲁斯与沃鲁西亚努斯。——舒克
⑨ 今之特尔尼（Terni）。——中译者
⑩ 公元 253 年 8 月。——中译者
⑪ 公元 253 年在位。——中译者
⑫ *Extinctus est.*］根据佐西穆斯，i. 29 及佐那拉斯（Zonaras），xii. 22 的说法，他为士兵所杀。
时间为公元 253 年 9/10 月。——中译者

VII. 李锡尼乌斯·瓦勒利亚努斯（Valerian）①当时在莱提亚（Rhaetia）和诺里库姆（Noricum）征讨，他很快被军队推举为统帅，旋即又被拥立为奥古斯都。加利耶努斯（Gallienus）②也在罗马从元老院那里接受了恺撒的封号。这两位元首的统治对罗马之名而言是有害的，甚至是致命的。日耳曼人此时挺进到拉文那（Ravenna）。瓦勒利亚努斯（Valerian）在美索不达米亚忙于战事时，被波斯国王沙普尔（Sapor）击败③，旋即被俘，后在帕提亚人中耻辱地过着奴隶般的生活，直至终老。

519

VIII. 加利耶努斯年纪尚轻即被拥立为奥古斯都，他对权力的施用最初能够为民造福，后来尚能行事公正，最后则变得有害国家。他在年轻时在高卢和伊利里库姆建立过许多丰功伟绩，在穆尔萨（Mursa）④杀死了紫袍加身的因格努乌斯（Ingenuus），又杀死了勒加利亚努斯（Regalianus）。长期以来，他都是沉默寡言、温文尔雅的。后来，他自我放纵，做尽各种荒淫之事，以极端耻辱的怠惰与慵懒令政务废弛。阿拉曼尼人（Alemanni）在废弃高卢之后，开始入侵意大利。多瑙河彼岸原本被并入帝国的达契亚现在也已丢掉。希腊、马其顿、本都、亚细亚都被哥特人大肆蹂躏。潘诺尼亚因萨尔马提亚人和夸狄人的入侵而人口锐减。日耳曼人一直入侵到西班牙，甚至攻陷了著名城市塔拉科。帕提亚人在占领美索不达米亚之后，现在开始侵夺叙利亚。

IX. 正当局势已至山穷水尽，罗马帝国面临穷途末路之时，波斯图穆斯这样一个出身卑微的人在高卢宣布紫袍加身，并且以自身的强干掌权十年，在此期间以极大的勇武和睿智的判断重建了那些几近被毁的行省。然而，他在一次兵变中被杀⑤，因为在当初莱利亚努斯

① 公元 253—260 年在位。——中译者
② 公元 253—268 年在位。——中译者
③ 公元 260 年，埃德萨战役。——中译者
④ 下潘诺尼亚的一座市镇，位于德拉瓦（Drave）河畔。克拉利乌斯，ii.8，27。
⑤ 公元 269 年。——中译者

(Laelianus)①试图变政篡权的时候，摩贡提亚库姆(Moguntiacum)随之一同反叛，后来波斯图穆斯却拒绝将它交由士兵进行劫掠。

继他之后，马略②这样一个可鄙的工匠③紫袍加身，却于两天后被杀。然后，维克托利努斯④取得了高卢的治权。此人极为强干，却由于自我放纵、荒淫无度、引诱他人妻子堕落而在统治的第二年于阿

520 格里皮那被杀。当时是他的一位秘书设计阴谋加害于他。

X. 在他之后，一位元老特特利库斯(Tetricus)⑤以总督身份治理阿奎塔尼亚(Aquitania)时，在缺席的情况下被选举为帝，于是他在布尔狄加拉(Burdigala)⑥紫袍加身。此后，他经历过多次士兵哗变。然而正当高卢发生这些事情的时候，东方的波斯人却被奥德那图斯(Odenathus)击败。后者保卫了叙利亚，收复了美索不达米亚，然后挥师直抵该国的特西丰。

XI. 就这样，当加利耶努斯任政务废弛时，罗马帝国却在西方被波斯图穆斯(Posthumus)，在东方被奥德那图斯所拯救。与此同时，加利耶努斯连同自己的兄弟瓦勒利亚努斯在美狄奥拉努姆被杀，当时正值他在位的第9个年头。克劳狄⑦继他之后称帝，因为他被士兵拥立，被元老院宣布为奥古斯都。克劳狄在一次大规模的战斗⑧中击败了正在废弃伊利里库姆和马其顿的哥特人(Goths)。他生活节俭、为人谦逊、严守法纪，具备治理帝国的优秀品质。然而，他于在位的第2年罹疾而亡⑨，死后被封为神。元老院授予他极高的尊荣，甚至在

---

① 英译者约翰·塞尔比·沃特森作鲁基乌斯·埃利亚努斯。——中译者

② 马尔库斯·奥勒利乌斯·马略。——中译者

③ *Vilissimus opifex*.]塞克斯图斯·奥勒利乌斯·维克托尔，《恺撒传》，xxxiii.9 称他为 *ferri opifex*(一个铁匠)。

④ 马尔库斯·庇亚沃尼乌斯(Piavonius)·维克托利努斯。——中译者

⑤ 盖乌斯·庇护·埃苏维乌斯·特特利库斯。——中译者

⑥ 今之波尔多(Bordeaux)。——中译者

⑦ 公元 268—270 年在位。——中译者

⑧ 公元 268/269 年，那伊苏斯(Naissus)战役。——中译者

⑨ 公元 270 年 1 月。——中译者

元老院议事厅中为他悬挂了一面黄金盾牌，在卡庇托为他树立了一尊黄金雕像。

XII. 克劳狄死后，他的弟弟昆提鲁斯（Quintillus）①被士兵推举为帝。此人极为自律，拥有治国的才能，与兄长相比毫不逊色，甚至胜出一筹。他在元老院的赞同下，接受了奥古斯都的头衔，却于在位后的第 17 天被杀。

XIII. 他死后，奥勒利亚努斯（Aurelian）②即位。此人生于达契亚的里彭西斯（Ripensis），能征善战，秉性却不适合当政，而且过于残暴。他以极大的勇敢击败哥特人，又通过多次胜绩将罗马帝国版图拓展到原先的规模。他在高卢境内的加塔劳尼（Catalauni）③击败了特特利库斯；当时特特利库斯也确实背叛了自己的军队，因为他难以容忍他们持续的哗变。他甚至通过密函恳求奥勒利亚努斯向自己进军，他在信中除了其他恳求之词外，还引述了维吉尔的下列诗文：——

> Eripe me his，invicte，malis.
> （常胜不败的英雄啊，把我从现在的苦难中解救出来吧。）

他还在安条克城附近的一次规模不大的战斗中俘虏了泽诺比娅（Zenobia）。后者先前杀死了自己的丈夫奥德那图斯（Odenathus），然后独自掌管东部帝国。然后，奥勒利亚努斯作为东西部帝国的光复者，举行了一次盛大的凯旋式，其间将特特利库斯和泽诺比娅牵在自己战车前面示众。此特特利库斯后来成为鲁卡尼亚的总督，在被剥夺紫袍后又生活了许久。泽诺比娅留下了一些后代。他们至今仍生活于罗马。

XIV. 在他统治期间，罗马城内铸币工匠对钱币掺假，并处死国库专员费利基西姆斯（Felicissimus），然后起而暴动。奥勒利亚努斯以

---

① 公元 270 年在位。——中译者
② 公元 270—275 年在位。——中译者
③ 位于比尔及卡高卢，见阿米亚努斯·马尔克利努斯，xv.11；根据舒克的说法，即今之马恩河畔沙隆（Chalons sur Marne）。

极为严厉的手段镇压了他们，将数位贵族处死。他确实残暴而嗜杀，对于那个时代而言，他在某些方面确实是一位不可或缺的元首，但在任何方面都并不受人爱戴。他总是表现得非常残酷，甚至将自己的侄子处死。然而，他也对军队的风纪和放荡的世风进行了大刀阔斧的整改。

XV. 他又在罗马城外围修筑了更为强固的城墙。他为太阳神修建了一座神庙，并在其中堆放了大量的黄金与宝石。从前图拉真在多瑙河彼岸建立的达契亚行省现在被他放弃，因为伊利里库姆和摩伊西亚人口锐减之后，他对于继续保有达契亚感到绝望。他将罗马公民迁移出达契亚的市镇与乡间，安置在摩伊西亚内部地区，又称新的移民点为达契亚。后者将摩伊西亚分为两部分，位于多瑙河入海方向的右岸，而原先达契亚则位于左岸。他因自己一名奴隶的背叛而被杀①。后者模仿奥勒利亚努斯的笔记草拟了一份名单，上面写的全是与元首交好的某些军人，使人误以为元首要处死这些人。这名奴隶将名单交给了这些军人。这些人为了避免被杀，先将他杀死于路上。此路为古代铺砌，位于君士坦丁堡与赫拉克里亚（Heraclea）之间。然而，他的被杀之仇并非没有得到昭雪。② 他也获得了被纳入诸神行列的荣誉。他在位 5 年零 6 个月。

XVI. 在他之后，塔西佗③即位。此人道德高尚，具备统治帝国的优秀素质。然而，他还没来得及做出什么惊人的业绩，便于在位的第 6 个月去世④。在他之后即位的弗罗利亚努斯（Florianus）⑤在位仅 2 个月零 20 天，也没有什么值得一提的事迹。

---

① 公元 275 年 9/10 月。——中译者
② 塔西佗着意将凶手们处死。沃庇斯库斯（Vopiscus），《塔西佗传》，13；奥勒利乌斯·维克托尔，《恺撒列传概要》（*Epitome de Caesaribus*），36。
③ 公元 275—276 年在位。——中译者
④ 公元 276 年 6 月。——中译者
⑤ 公元 276 年在位。——中译者

XVII. 后来，普罗布斯(Probus)①即位。此人在军事上曾取得赫赫战功。他通过战场上引人注目的胜绩，收复了曾被蛮族侵夺的高卢。他又通过几次战斗镇压了几个试图篡夺帝位的人，如东部的萨图尔尼努斯(Saturninus)、阿格里皮那(Agrippina)的普罗库鲁斯(Proculus)和波诺苏斯(Bonosus)。他允许高卢人和潘诺尼亚人②拥有葡萄园。他又责令军队劳动，在西尔米乌姆(Sirmium)的阿尔马山(Alma)以及上摩伊西亚的奥琉斯山(Aureus)上开辟出葡萄园，留给当地行省居民耕作。他身经百战之后，最终迎来了和平，这时他发现"不久之后便不再需要军队"。他为人积极、活跃而公正，在军事荣誉方面堪与奥勒利亚努斯媲美，却远比后者平易近人。然而，他后来也在一次士兵哗变中被杀于西尔米乌姆(Sirmium)的一座铁塔之内。③ 他在位共 6 年零 4 个月。

XVIII. 普罗布斯死后，卡鲁斯(Carus)④被立为奥古斯都。此人来自高卢的纳尔波，在即位之后马上立其子卡利努斯和努美利亚努斯(Numerianus)为恺撒，并与他们一起统治了两年时间。正当他对萨尔马提亚人作战期间，波斯人暴动的消息传来，于是他挥师东进，并对该民族取得了一些著名的胜绩。他在战场上击溃了敌人，攻陷了他们最著名的城市塞琉基亚和特西丰。然而，他驻扎于底格里斯(Tigris)河畔时死于雷击⑤。他的儿子努美利亚努斯与他一道来到波斯，是一位天资卓越的青年。然而，他患眼疾而乘坐在轿舆上时，死于岳父阿佩尔(Aper)所策划的一场阴谋。⑥ 后者费尽心机试图掩盖他去世的消息，直到自己即位。但他尸体的腐臭还是将事实暴露，因为陪同他的

523

---

①　公元 276—282 年在位。——中译者
②　英译者约翰·塞尔比·沃特森在此处作坎诺尼亚人(Cannonians)。——中译者
③　公元 282 年 9/10 月。——中译者
④　公元 282—283 年在位。——中译者
⑤　公元 283 年 7 月末/8 月初。——中译者
⑥　公元 284 年 11 月。——中译者

士兵们闻到臭味后掀开他轿舆的帘子，发现他早已死去多日。

XIX. 卡鲁斯在出发征讨帕提亚之前曾将卡利努斯留下，令其以恺撒的头衔在伊利里库姆、高卢和意大利负责指挥。后者却因各种罪行而令自己蒙羞。他罗织罪名，处死了许多无辜的人，与许多贵族之妻保持不正当关系，又处死了自己的几位同学，原因是他们在学校偶尔对他稍有冒犯。他的这些行径招来万众痛恨，于是不久后受到了应得的惩罚。

奥古斯都卡鲁斯遭遇雷击，恺撒努美利亚努斯被谋杀，所以得胜的军队在从波斯返回途中将元首大权授予戴克里先(Diocletian)①。此人来自达尔马提亚，出身如此卑微，以致有作家说他的父亲是一名书记员，有作家则说他是一位名叫阿努利努斯的元老的释奴。

XX. 戴克里先在第一次全军大会上发誓说，自己与杀害努美利亚努斯的阴谋无关。当时谋害努美利亚努斯的阿佩尔就在身边，于是戴克里先当着全军的面，亲手用剑将他杀死。戴克里先很快又在马尔古姆②的一场大战中击败了为万民憎恨和厌恶的卡利努斯。因为当时卡利努斯军队数量虽然较多，他本人却被自己的军队背叛，在维米那基乌姆和奥琉斯山之间被军队抛弃。于是，戴克里先成为罗马帝国的主人。后来高卢的农民发动暴乱，为自己的组织取名巴高达③，并以阿曼都斯和埃利亚努斯为首领。戴克里先派马克西米亚努斯·赫丘力乌斯(Maximian Herculius)以恺撒的头衔前去镇压。后者通过几次规模不大的战斗击败了这些乡野村夫，恢复了高卢的和平。④

XXI. 在这一时期，出身卑微的卡劳西乌斯(Carausius)因在战场上表现卓越而声名鹊起。他在波诺尼亚受命平定海疆，因为法兰克人

524

---

① 公元 284—305 年在位。——中译者

② 上摩伊西亚一座市镇，位于多瑙河与马尔古斯河(Margus，今之莫拉瓦河，Morava)之间。

③ 此名含义并不明确，但依据舒克的说法，其被推测为"叛民"或"强盗"之意。

④ 公元 286 年。——中译者

（Franks）和萨克森人（Saxons）沿比尔及卡（Belgica）和阿尔摩里卡（Armorica）沿岸进行袭扰。他多次俘虏大量蛮族，但从未将全部虏获物交给该行省居民，也未上缴君主，于是他被怀疑故意纵容蛮族入境，然后在入境过程中捕获他们，抢夺他们的物品，从而使自己富有起来。尽管被马克西米亚努斯判处死刑，于是他便紫袍加身，又占据了不列颠。

XXII. 此时，全世界陷入混乱状态，卡劳西乌斯在不列颠起兵，阿基琉斯（Achilleus）在埃及作乱，昆克根提亚尼人（Quinquegentiani）①在阿非利加袭扰，那尔塞乌斯（Narseus）②在东方开战，于是，戴克里先将马克西米亚努斯·赫丘力乌斯从恺撒提升为奥古斯都，又将君士坦提乌斯（Constantius）和马克西米亚努斯·加勒利乌斯（Galerius）立为恺撒。据说君士坦提乌斯因克劳狄③一个女儿的关系而成为他的甥孙。马克西米亚努斯出生于达契亚境内萨尔狄卡（Sardica）④附近地区。为了通过姻亲纽带加强联系，君士坦提乌斯娶了赫丘力乌斯的继女特奥多拉，并与之育有六子——皆为君士坦丁（Constantine）的兄弟。加勒利乌斯则娶了戴克里先之女瓦勒莉娅（Valeria）。事先，君士坦提乌斯与加勒利乌斯都被迫将原先的妻子休弃。然而，他们对卡劳西乌斯这样一个身经百战的人的战争却未建寸功，最终与对方签订和约。7 年之后，卡劳西乌斯被自己的一个支持者阿勒克图斯（Allectus）杀死，后者自己继续掌控不列颠 3 年之久，后来被禁卫军长官阿斯克勒庇奥多图斯（Asclepiodotus）剿灭。 *525*

---

①　克拉利乌斯认为他们等同于本塔波里塔尼人（Pentapolitani），即居勒奈卡人（Cyrenaeans）；居勒奈卡（Cyrenaica）包含五座城市：贝勒尼克、阿尔西诺伊（Arsinoe）、托勒麦斯、阿波罗尼亚、居勒涅。

②　波斯国王，更为常见的写法为那尔塞乌斯。

③　IX.11 提及的那位元首。君士坦提乌斯为克劳狄兄弟克利斯普斯之孙。

④　内达契亚（Dacia Mediterranea）的首府；据认为同于今保加利亚之索菲亚（Sofia）。

XXIII. 与此同时，恺撒君士坦提乌斯在高卢的林戈奈（Lingo-nae）①遭遇了一次战斗，他在同一天之内经历了悖运和好运。因为他因蛮族的一次突袭而被迫入城，他逃得如此匆忙狼狈，竟然在城门紧闭之后被用绳索拉上城墙。然而，6个小时未过，他的军队赶到，于是他又将阿拉曼尼人斩杀约6万之众。奥古斯都马克西米亚努斯也在阿非利加结束了战争，他征服了昆克根提亚尼人，逼迫他们签订和约。与此同时，戴克里先在亚历山大里亚围攻阿基琉斯，约8个月后迫使其投降，后将其处死。他却残忍地利用了自己的胜利，通过残酷的公敌宣告和大屠杀令整个埃及陷入苦难之中。然而与此同时，他又做了某些英明的部署与整顿。这些措施一直沿用到我们的时代。

XXIV. 加勒利乌斯·马克西米亚努斯在征讨那尔塞乌斯的过程中，首战并不成功。他在卡里尼库斯与卡莱之间与敌遭遇，此战他表现得鲁莽而非缺乏勇气，因为他以一支小规模军队对抗为数众多的敌人。他在此役被击败，然后前往戴克里先处会合。他在途中遇到后者，并遭到极端傲慢的对待，以至于据说他竟然身着紫袍跟在戴克里先马车旁边奔跑了数里的路程。

XXV. 然而，他很快在伊利里库姆和摩伊西亚聚集起兵力，在大亚美尼亚第二次对那尔塞乌斯〔荷尔米斯达斯（Hormisdas）与沙普尔之祖父〕作战，并大获全胜。此役他表现得谨慎而英勇，因为他曾只带领一两名骑兵担任近卫骑兵长②。在将那尔塞乌斯击溃之后，他捕获了后者的妻子、姐妹与孩子，另外还俘虏了大量波斯贵族，缴获了大批财宝。国王本人被迫躲避于境内最偏远的沙漠之中。加勒利乌斯携

526

---

① *Apud Lingonas.* 〕林戈奈，或林戈涅斯（Lingones），高卢林戈涅斯人的首府，旧称安多马图努姆（Andomatunum）；今之朗格勒（Langres）。

② 在帝国时代，*speculatores* 为一附属于禁卫军大队的军队组织，也可能是前者的组成部分，其任务是保障元首的人身安全。*Ipsum Othonem comitabantur speculatorum lecta corpora, cum coeteris, cum caeteris praetoriis cohortibus.* 见塔西佗，《历史》，ii. 11.

凯旋之师回到戴克里先处。后者当时正率军驻扎在美索不达米亚，以极高的礼遇对他的到来表示欢迎。后来，他们共同或各自进行了几次战争，征服了卡尔庇人（Carpi）和巴斯塔尔奈人（Bastarntae），击败了萨尔马提亚人，并将来自这些民族的大量战俘安置在罗马境内。

XXVI. 戴克里先生性机敏，具有远见卓识和敏锐的洞察力。他残忍个性的表现总是以对他人的憎恨为满足。然而，他是一位积极而强干的君主。他首次往罗马帝国引入了适合皇家气派而非罗马自由传统的礼仪，他下令臣民对自己顶礼膜拜，而此前的元首所受到的礼遇只是致敬。以前元首的尊贵地位只体现为身披紫袍，而其他方面的习惯一如常人，现在他在服饰和鞋履上镶嵌了宝石饰物。

XXVII. 然而，赫丘力乌斯外表就显得残忍，性格又极为粗暴，他冷酷的面容流露出严厉的气质。为了满足自己的秉性偏好，他协助戴克里先从事各项残忍的行动。然而，戴克里先年事已高，发现自己无力再维系帝国的统治时，便建议赫丘力乌斯与自己一同隐退，过普通人的生活，将治国的重担交托给更加年轻有为的人。他的那位同僚即使极不情愿，却也听从了他的建议。后来，两人为战胜诸多民族而在罗马举行了一次盛大的凯旋式，其间他们的马车之前展示了大量凯旋图①，以及那尔塞乌斯的妻子、姐妹和孩子。此后，戴克里先在尼科墨底亚，赫丘力乌斯后在美狄奥拉努姆，二者在同一天脱下皇袍，换上普通人的服装。② 然后，一人隐退到萨罗奈（Salonae），一人隐退到鲁卡尼亚。

XXVIII. 戴克里先光荣引退之后，在距离萨罗奈不远处的一座乡

527

---

① *Pompā ferculorum illustri.*]*Fercula* 是描绘战败国城市、河流及其他景物的图画，在凯旋式中被放在队列中展示；此举是对罗慕路斯行为的模仿，因为他曾举着一个被杀敌人战利品的 *suspenssa ferculo*。见李维，1.10——舒克。*Ferculum* 为一种框架，其中可摆放或悬挂任何物品。

② 公元 305 年 5 月 1 日。——中译者

间别墅中过着普通人的生活直至高龄，他践行了高超的人生智慧，因为自罗马帝国建立以来，所有人中唯有他主动从如此尊贵的高位引退到普通生活中，将自己降为一名普通公民。因此，自人类产生以来，从未在别人身上发生的事情却发生在了他身上，因为即使他以普通人的身份去世①，却也被纳入诸神行列。

① 公元 311 年 12 月 3 日。——中译者

卷　X

君士坦提乌斯和加勒利乌斯分治帝国，马克西米努斯和塞维鲁被立为恺撒，I；君士坦丁在不列颠称帝，马克西米亚努斯之子马克森提乌斯在罗马称帝，马克西米亚努斯试图重获帝位，塞维鲁败于马克森提乌斯，II；马克西米亚努斯后来的事迹，他的去世和性格，III；君士坦丁、马克森提乌斯、李锡尼乌斯和马克西米努斯四帝共治，马克森提乌斯被君士坦丁击败，马克西米努斯之死，IV；李锡尼乌斯败于君士坦丁，后者成为唯一的君主，他立了三位恺撒，V—VI；君士坦丁的性格与去世，VII—VIII；他被三个儿子君士坦丁、君士坦提乌斯和君士坦斯和一个侄子达尔马提乌斯继承，君士坦提乌斯作为最后的幸存者，在镇压了维特拉尼奥与涅波提亚努斯之后成为唯一的君主，IX—XI；马格嫩提乌斯的战败与去世，加鲁斯被立为恺撒，XII；加鲁斯与西尔瓦努斯①之死，XIII；朱利亚努斯以恺撒的身份被君士坦提乌斯派往高卢，他的胜绩，XIV；朱利亚努斯被拥立为帝，君士坦提乌斯的去世与性格，XV；朱利亚努斯在东方的战事，他的去世与性格，XVI；约维亚努斯在东部称帝，他的悖运，他将罗马领土的一部分割让给沙普尔，他的去世及疑似死因，XVII—XVIII。

---

① 英译者约翰·塞尔比·沃特森将此处作 *Sylvanus*（叙尔瓦努斯）。——中译者

I. 这两位卸下治国的重担之后，君士坦提乌斯和加勒利乌斯被拥立为奥古斯都。他们两人将罗马世界分割，前者获得高卢、意大利和阿非利加，后者获得伊利里库姆、亚细亚和东方，两人各自有一位恺撒作为副手。然而，君士坦提乌斯满足于奥古斯都的尊位，放弃对阿非利加的治理。他是一个卓越之人，尤其仁爱慈善。他致力于增加各行省和私人的财富，却极少关注国库的充盈。他经常说"国家的财富保存在人民手中好过将其封存不用"。他的家中陈设用品极为简陋，以至于在节假日期间必须款待比平常数量多的亲朋好友时，不得不到其他几个普通人家中借用盘盏以布置餐厅。高卢①人对他不仅爱戴而且敬仰，尤其是因为在他治下，他们摆脱了戴克里先多疑的谨慎之心和马克西米亚努斯血腥的粗暴行径。他在在位的第 13 个年头②死于不列颠的埃伯拉库姆③，死后被纳入诸神行列。

II. 加勒利乌斯道德极为高尚，又精通军事。他被君士坦提乌斯允许掌管意大利，然后便立了马克西米努斯和塞维鲁两位恺撒，令前者管理东方，后者掌控意大利。他本人坐镇伊利里库姆。然而，君士坦提乌斯死后，他与一位地位卑微的女子所生之子君士坦丁在不列颠被拥立为帝，作为众望所归的统治者继承了父亲的帝位。与此同时，罗马的禁卫军发动哗变，宣布马克森提乌斯(Maxentius)为奥古斯都。此人是马克西米亚努斯之子，当时正居住在罗马城外不远的公务别墅(Villa Publica)④。马克西米亚努斯闻讯后，希望重新获得当初不情愿辞去的帝位，便匆忙从鲁卡尼亚(他在退隐到普通人的生活中之后，选择此地作为居住地，在这片最宜人的乡间地区度过晚年)赶往罗马城，又通过信函鼓动戴克里先重新拾起曾经放下的权力。戴克里先对他的信件完全不予理会。恺撒塞维鲁被加勒利乌斯派去罗马镇压暴乱

---

① 他将高卢作为自己的特辖行省。——舒克
② 公元 306 年 6 月 25 日。——中译者
③ 今之约克。——中译者
④ 马尔斯广场上的一座建筑，主要被用作外国使节的公寓或宾馆。

的禁卫军和马克森提乌斯。他率军抵达后，在围城期间被变节的士兵所背弃。

III. 就这样，马克森提乌斯的实力得到增强，他的统治也变得稳 529
固起来。塞维鲁在逃跑过程中被杀于拉文那。[①] 后来，马克西米亚努斯·赫丘力乌斯在一次全军集会上试图剥夺自己儿子马克森提乌斯的权力，却未能如愿，只是招来士兵们的哗变与斥责。然后，他按照一条既定的策略，动身前往高卢。他装作仿佛自己被儿子赶了出来一样，以图投靠女婿君士坦丁[②]。然而他真正的计划是伺机杀死后者。君士坦丁当时已经击败了法兰克人和阿拉曼尼人，并对敌人进行了大屠杀，又俘获了他们的国王，然后在举行一场盛大赛会表演的时候，将两位国王丢给了野兽。现在，君士坦丁正在手下士兵和行省居民的一致拥护下统治高卢。然而，马克西米亚努斯的阴谋被他的女儿法乌斯塔（Fausta）知晓，并告诉了自己的丈夫，于是他被擒于马西里亚（Massilia）并被杀[③]。当时他正准备渡海前去投靠自己的儿子。他确实死有余辜，因为他各种残忍、残酷、悖信、损人之事无一不做，而且丝毫不顾及他人。

IV. 这时，达契亚人李锡尼乌斯被加勒利乌斯扶上帝位。因为后者与他交往经年，极为熟悉，而且他在加勒利乌斯对那尔塞乌斯的战争中表现卓越。加勒利乌斯不久后去世。[④] 然后，帝国由四位新的君主共同治理，其中君士坦丁和马克森提乌斯的父亲皆为奥古斯都，而李锡尼乌斯和马克西米亚努斯的父亲则默默无闻。然而，君士坦丁在在位的第 5 个年头对马克森提乌斯发动内战，在数次战斗中击溃对手，最终在米尔维亚桥彻底击败马克森提乌斯（当时他正通过各种残

---

① 公元 307 年 3/4 月。——中译者
② 他娶了马克西米亚努斯之女法乌斯塔。
③ 公元 310 年 7 月，被迫自杀。——中译者
④ 加勒利乌斯晚年患病。他于公元 311 年 4 月 30 日颁布了一道停止迫害基督徒的敕令，不久后去世。——中译者

酷手段处死贵族①)②，并且成为意大利的主人。不久之后，马克西米努斯在东部对李锡尼乌斯发动战争，然而，他还未等到最后的灾难降临，便在塔尔苏斯（Tarsus）暴卒。③

530 　　V. 君士坦丁极为强干，头脑中一旦形成想法，便会锲而不舍地将其实现。他立志成为全世界的主宰，便对李锡尼乌斯开战，即使他将妹妹君士坦提娅（Constantia）嫁给后者，因而与之结成了姻亲关系④。最初他通过突然袭击，在潘诺尼亚的契巴莱（Cibalae）⑤击败了对手——当时后者正在当地为战事做着大规模准备工作。后来，他成为达达尼亚（Dardania）、麦西亚（Maesia）和马其顿的主人，又占领其他几个行省。

　　VI. 后来，他们进行了数次交锋，缔结和约后又撕毁。最后，李锡尼乌斯在尼科墨底亚的一场大战中海陆两个战场皆遭败绩，便向对手投降⑥。后来，李锡尼乌斯被剥去紫袍，在色萨罗尼卡过着普通人的生活。但君士坦丁违背自己当初的誓言，将他处死在当地⑦。

　　此后，罗马帝国处于一位奥古斯都和三位恺撒的统治之下，这种状况史无前例。君士坦丁的儿子们统治高卢、东部和意大利。然而，君士坦丁居功自傲，极大地改变了原先那种令人愉快的温良个性。他

---

　　① *Adversus nobiles omnibus exitiis soevietem.*〕"对贵族发怒，以各种方法毁灭他们"。

　　② 公元 312 年 10 月 28 日。——中译者

　　③ 公元 313 年 4 月 30 日，马克西米努斯在亚德里亚堡附近被李锡尼乌斯击败，然后逃往塔尔苏斯并在此自杀。——中译者

　　④ *Necessitudo illi et affinitas cum eo esset.*〕二者之间有 *necessitudo*，或曰"关系"。这种关系是一种 *affinitas*，或曰"姻亲同盟"。根据舒克的观察，*affinitas* 被增加以解释 *necessitudo*，因而后者几乎可以忽略。

　　⑤ 此战时间一说为公元 314 年 10 月 8 日，一说迟至 316 年。——中译者

　　⑥ 公元 324 年 7 月 3 日，君士坦丁在亚德里亚堡（Adrianople）取得决定性胜利，然后将李锡尼乌斯围困于拜占庭，陷城后于是年 9 月 18 日在克吕索波里斯（Chrysopolis）击败李锡尼乌斯。双方之间的海战被称为赫勒斯滂海战，当时君士坦丁一方的主帅为其长子弗拉维乌斯·尤利乌斯·克利斯普斯，李锡尼乌斯一方主帅为其海军司令阿班图斯。克吕索波里斯（Chrysopolis）之役兵败后，李锡尼乌斯逃往尼科墨底亚，在此地被围后投降。——中译者

　　⑦ 公元 325 年。——中译者

首先拿自己的亲属开刀，处死了自己的一个儿子以及一个外甥。前者是一个表现卓越的人，后者是一个性情随和的年轻人。不久之后，他又杀死了自己的妻子，以及自己的许多朋友。

VII. 他这个人在统治初期堪与最优秀的君主媲美，在统治后期则只能与那些泛泛之君并列。他在灵魂和身体两方面都体现出无数的优良品质。他如饥似渴地追求军事上的荣耀，并且在战斗中建立赫赫功勋，然而，他的这些功勋刚刚足够抵偿他的努力。他结束内战后，又多次击败哥特人，最终与他们缔结和约，在蛮族心目中留下深刻的仁慈印记。他也热衷于文化修养和文学研究，总是渴望获得万众拥戴，而他也确实通过慷慨的馈赠与文雅的举止得偿所愿。他出于疑心而并没有积极地帮助一些朋友①，但他对其他朋友却非常慷慨，不放弃任何机会增加他们的财富与荣誉。

531

VIII. 许多法律是他颁布的，其中有些是好的、公正的，但大多数是多余的，甚至是严苛的。他史无前例地力图将那座以他命名的城市②提升到堪与罗马比肩的地位。他在准备对当时正侵扰美索不达米亚的帕提亚人开战时，死于尼科墨底亚的公务别墅③。当时他正值在位的第 31 年，人生的第 66 个春秋④。他死前曾有一颗巨大的带尾的星长期闪耀在夜空，从而预言了他的死亡。这种星被希腊人称为 χομήτης（彗星）。他死后被实至名归地纳入诸神行列。

IX. 他死后留下三个儿子和一个侄子作为自己的继承人。然而恺撒达尔马提乌斯这样一个天赋异禀、颇类其伯父的人，很快死于士兵哗变⑤。他的堂兄君士坦提乌斯即使没有发动这场兵变，也对其表示

---

① *In nonnillus amicos dubius.*〕我对该短句的翻译依据的是舒克所引述的约翰·安条克诺斯（Ioannes Antiochenus——人名由中译者补足）中的旧式解释：πρὸς τινας τῶν γνωριμων ὑπούλως τε καὶ οὐκ ὑγίως ἔσχε."

② 君士坦丁堡。

③ x.2 提及了罗马一处类似的建筑。

④ 公元 337 年 5 月 22 日。——中译者

⑤ 公元 337 年夏末。——中译者

了默许。君士坦斯的部将们也处死了君士坦丁[二世]，当时后者对自己的弟弟开战，在阿奎雷亚鲁（Aquileia）莽地交战①。就这样，国家大权落到了两位奥古斯都手中。君士坦斯的统治曾一度勤勉而公正，但后来他健康状况不佳，而且受一些居心叵测的朋友的引诱，沾染了大量的恶习。他后来令诸行省人民忍无可忍，在士兵中间也是不得军心，最终被以马格嫩提乌斯（Magnentius）为首的阴谋团伙杀死。他被杀于离西班牙边界不远的一座名曰赫勒那（Helena）的要塞，时值在位的第 17 个年头，人生的第 30 个春秋②。然而，他在生前已经在战场上建立了丰功伟绩，并且即使没有什么过分残暴的举动，却为军队所畏惧。

X. 君士坦提乌斯的命运截然不同，因为他在波斯人手上遭遇了诸多严重的灾难，他的许多市镇沦陷，许多筑城防御的城市被围困，许多军队被歼灭。他在对沙普尔的战争中也没有取得一场胜利。有一次在辛加拉眼看胜利在望时却因手下士兵无法抑制的贪功冒进而被击败，因为他们违背战争的法则，在夜幕降临的时候毫无秩序地、愚蠢地要求与敌交战③。君士坦斯死后，马格嫩提乌斯控制了意大利、阿非利加及高卢，而伊利里库姆再度发生变乱，因为维特拉尼奥（Vetranio）在当地被士兵一致拥立为帝④。当时他年岁极高，并且由于常年征战、功勋卓著而广获民心。他为人正直、恪守古风、平易近人却又不学无术，以至于在上了年纪且登上帝位之后才开始涉猎文学的入门知识。

XI. 然而，维特拉尼奥的帝位又被君士坦提乌斯夺取。后者发动起一场内战以为自己的弟弟复仇。维特拉尼奥在士兵们的一致赞同

---

① 公元 340 年。——中译者
② 公元 350 年。——中译者
③ 公元 344 年。——中译者
④ 公元 350 年 3 月 1 日。——中译者

下，被迫以一种新奇的方式剥去紫袍。① 与此同时，罗马也发生变乱，因为君士坦丁的外甥涅波提亚努斯(Nepotianus)在一群角斗士的协助下攫取了帝位②。然而，他这野蛮的尝试为自己招来罪有应得的结局，因为他在篡位的第 28 天被马格嫩提乌斯的部将们击败，因自己的鲁莽行径而遭到惩罚。他的头颅被插在一支矛上绕城示众。后来许多贵族遭到公敌宣告和大屠杀。

XII. 此后不久，马格嫩提乌斯在穆尔萨的一次战斗③中被击败，几乎被俘。罗马帝国的大量兵力在此役被消耗，如此大规模的兵力足以打赢任何一场对外战争，获得多次凯旋式以及实现永久和平。不久后，君士坦提乌斯将他的堂弟加鲁斯立为东部恺撒。马格嫩提乌斯在数次战斗中遭遇败绩，在鲁格敦努姆自尽，时值在位第 3 年的 7 月。他派自己的一个兄弟前去守卫高卢，但后者也在塞诺尼④自尽。

XIII. 约当此时，恺撒加鲁斯因诸多暴行而被君士坦提乌斯处死。此人生性残忍，一旦独揽大权，必将堕落为暴君。西尔瓦努斯(Silva-nus)⑤试图在高卢发动变乱，也在起事后第 30 天被镇压⑥。此后，君 533 士坦提乌斯成为整个罗马帝国唯一的元首和奥古斯都。

XIV. 后来，他将自己的妹妹⑦嫁给自己的堂弟，加鲁斯的[同父异母]弟朱利亚努斯，然后派后者以恺撒的权力进入高卢⑧，因为当时蛮族攻陷了和正在围攻许多市镇，给当地造成可怕的大破坏，而罗马帝国正在显而易见的灾祸中摇晃。然而，朱利亚努斯仅率为数不多的

---

① 公元 350 年 12 月 25 日。——中译者
② 公元 350 年 6 月 3 日。——中译者
③ 见 ix.8。
④ *Senonis.*]*Senoni, orum* 的离格，旧称阿根狄库姆(Agendicum)，今之森斯(Sens)。
⑤ 克劳狄·西尔瓦努斯。——中译者
⑥ 公元 355 年。——中译者
⑦ 赫勒娜。——中译者
⑧ 公元 355 年 11 月 6 日，朱利亚努斯被立为恺撒，数日后与赫勒娜结婚，再后被派往高卢。——中译者

军队便在高卢城市阿尔根托拉图姆（Argentoratum）①将阿拉曼尼人的大军击败，还俘虏了敌人一位著名的国王②，然后收复了高卢。朱利亚努斯后来又在对蛮族的战争中建立了赫赫功勋，将日耳曼人赶回莱茵河彼岸，将罗马帝国的版图恢复到以前的规模。

XV. 不久之后，日耳曼军队被高卢守军击败而撤退时，朱利亚努斯被手下士兵一致拥立为奥古斯都。一年之后，正当君士坦提乌斯忙于对帕提亚作战的时候，他前去接管了伊利里库姆。君士坦提乌斯闻讯后，企图回师挑起内战，却在行军至基里基亚和卡帕多契亚之间时死去。当时正值他在位的第 38 个年头，人生的第 45 个春秋③。他死后实至名归地被纳入诸神行列。他性格稳重、温良和蔼，却过于信赖亲朋好友，最后还对妻子言听计从。他当政之初表现得极为自律。他增加了自己朋友们的财富，并且永远知恩图报。然而，一旦怀疑有人图谋篡权，他便变得残暴起来，除此之外他一向行事温和。他的命运在内政治理方面比在对外战争方面更加值得称道。

XVI. 朱利亚努斯后来成为唯一的奥古斯都，并率领一支庞大的军队对帕提亚人开战。此役我也参与其中。他将波斯人的几座市镇和要塞通过劝降或强力攻陷，又废弃了亚述，并在特西丰驻扎了一段时间。他得胜返回时，鲁莽地投入一场战斗，并被敌人斩杀④。时值他在位第 7 个年头的 6 月 26 日，人生的第 32 个春秋。他死后被纳入诸神行列。他是一个出类拔萃的人，若非天不假年，他本可以光荣地统治帝国。他完成了各个学科门类的学习，但尤其精通希腊文学，以至于自己的拉丁语完全无法与希腊语媲美。他辩才卓越、谈吐自如、博闻强识。他在某些方面颇似一位哲学家而非君主。他对朋友慷慨大

534

---

① 今之斯特拉斯堡（Strasburg）。战斗发生于公元 357 年。——中译者
② 科诺多马利乌斯（Chnodomarius）。——中译者
③ 公元 361 年 11 月 3 日，死于热病。——中译者
④ 公元 363 年 6 月 26 日萨马尔拉（Samarra）战役中，朱利亚努斯未着铠甲便追击逃敌，后被敌人标枪击中，旋不治而亡。见阿米亚努斯·马尔克利努斯，xxv. 3。——中译者

方，然而，他的慷慨对象却配不上如此伟大的一位元首，因为他们中有些人玷污了他的荣耀。他对待诸行省居民极为公正，并且尽可能地减免他们的赋税。他对所有人都非常谦恭。他并不十分关注国库收支。然而，他酷爱荣誉，并且对荣誉的追求表现得过于热切。他迫害基督教，却避免因此出现流血牺牲。他酷似马尔库斯·安东尼努斯，因为他一直效法这位前人。

XVII. 后来，约维亚努斯(Jovian)即位。此人曾作为护卫陪同朱利亚努斯参与本次战事，后来经士兵选举被推上帝位。他更多因父亲而非本人而在军中享有盛誉。现在时局动乱，军队苦于缺乏给养，于是约维亚努斯在吃了波斯人一两次败仗之后，与沙普尔签订和约。这纸和约确实大有必要，却也极不光彩，因为他被迫收缩边界，将罗马帝国的部分领土割让给敌人。这种耻辱是前所未有的，虽然自罗马帝国建立到他的时代已有 1118 年的时间。从前，我们的军队确实曾被迫穿过轭门，比如说在考狄乌姆(Caudium)被庞提乌斯·特勒西努斯(Pontus Telesinus)①逼迫穿过，后来在西班牙的努曼提亚以及在努米底亚也都曾遭受这种耻辱，然而即便在那几次情况下，我们的国土却从未丧失过。若他像上文所提及的那些战争中罗马人的做法一样，决心摆脱条约的束缚，那么这些条款并非完全应当遭受谴责，因为后来马上爆发了对萨姆尼乌姆人、努曼提亚人以及努米底亚人的战争，而且和约从未被批准过。然而，他只要身在东方，就担心有人与他争夺帝位，便不再考虑自己的荣誉了。于是，他从战场返回，并且在前往伊利里库姆的途中死于加拉提亚边境。他在其他时候表现得既不怠惰也不愚蠢。

535

XVIII. 许多人认为他死于急性消化不良，因为他上次晚饭时吃

---

① 此庞提乌斯一般并不被称为特勒西努斯；另一位庞提乌斯在同盟者战争中作为萨姆尼乌姆人的领袖而著称，他也有此名。见弗洛鲁斯，iii. 18。

英译者约翰·塞尔比·沃特森将此名作本都·特勒西努斯。——中译者

喝过度；有人猜测他死于卧室的异味，因为房间刚刷过石灰水，对睡在里面的人极度危险；还有人认为他死于炭火燃烧的致命力量，因为时值严寒，他命人燃烧了大量的炭。他死于在位的第 7 个月，人生的第 32 个春秋①，当天是 4 月 18 日②。由于继任诸帝的仁慈，他被纳入诸神行列，因为他为人谦恭、天性慷慨。

君主约维亚努斯与瓦罗尼亚努斯（Varronianus）执政官年③，即建城后第 1118 年，罗马帝国就是这幅状况。然而，我们现在已经到了英明神武、万众崇敬的元首们的时代，因此应该将这部作品就此搁笔，因为接下来的史事需要更为崇高的文风加以撰述。目前，我们并非将撰史的工作弃置，而是留待文字水平提高后再续写。

---

① *ut qui plurimum minimumque tradunt* 见于此处，但未被翻译。见 i.1 注释。
② 公元 364 年 2 月 17 日。——中译者
③ 公元 364 年。——中译者

索　引

Antiochus(安条克)，败于罗马人，iv. 3，4。

Antoninus，M.（马尔库斯·安东尼努斯），viii. 9。

Antoninus，Marcus(马尔库斯·安敦尼)，vii. 1 及以下。

Appius Claudius Censor(监察官阿庇乌斯·克劳狄)，ii. 9。

Arabia(阿拉伯)，被塞维鲁征服，viii. 18；被庞培征服，vi. 14。

538 Archelaus(阿尔克拉奥斯)，米特拉达梯的部将，v. 6。

Ariobarzanes(阿利奥巴扎涅斯)，卡帕多契亚国王，v. 5。

Aristobulus(阿利斯托布罗斯)，vi. 16。

Aristonicus(阿利斯托尼科斯，欧美涅斯之子，被罗马人俘虏)，iv. 20。

Athens(雅典)，v. 6。

Attalus(阿塔罗斯)，iv. 4。

539 Augustus(奥古斯都)，vii. 1 及以下。

Aurelian(奥勒利亚努斯)，罗马帝国元首，ix. 13。

Bagaudae(巴高达)，ix. 20。

Balbinus(元首巴尔比努斯)，ix. 2。

Bassianus(巴西亚努斯)，罗马帝国元首，viii. 19。

Bastarnae(巴斯塔尔奈人)，ix. 25。

Bocchus(波库斯)，毛里塔尼亚国王，iv. 27。

Brutus，L. Junius(鲁基乌斯·尤尼乌斯·布鲁图)，i. 8。

Brutus，D. Junius(德基穆斯·尤尼乌斯·布鲁图)，iv. 19。

Caesar，Julius(尤利乌斯·恺撒)，vi. 17 及以下。

Caligula(卡里古拉)，vii. 12。

Camillus(卡米鲁斯)，i. 19 及以下。

Cannae，Hann.(坎奈，汉尼拔)，iii. 10。

540 Carausius(卡劳西乌斯)，ix. 21。

Cassius and Brutus(卡西乌斯与布鲁图)，vi. 23。

545

548

549

出版说明

一、译文以 1853 年 Henry G. Bohn 出版的 John Selby Watson 英译本为底本，在翻译过程中也参照了其他英译本和中译本，如：2019 年 Delphi Classics 出版的 John Selby Watson 于 1886 年的英译本、2011 年 Liverpool University Press 出版的 H. W. Bird 英译本，上海人民出版社 2011 年出版的谢品巍中译本。

二、底本及其他译本的序号仅标注"卷－节"两个层级，不包含"小节"层级。译文与底本及其他译本的序号标注保持一致。

三、全书的数字形式（阿拉伯数字与罗马数字，罗马数字的大写与小写）同底本保持一致。

Eutropius, *Abridgement of Roman History,* in Justin, Cornelius Nepos, and Eutropius, Literally Translated, with Notes and a General Index by the Rev. John Selby Watson, M.A., London: Henry G.Bohn, York Street, Covent Garden, 1853.

图书在版编目（CIP）数据

罗马历史简编 /（古罗马）尤特洛庇乌斯著；李艳辉译.
—北京：北京师范大学出版社，2025.3
（西方古典译丛）
ISBN 978-7-303-25510-8

Ⅰ.①罗… Ⅱ.①尤… ②李… Ⅲ.①古罗马 – 历史
Ⅳ.① K126

中国版本图书馆 CIP 数据核字（2020）第 016418 号

LUOMA LISHI JIANBIAN
出版发行：北京师范大学出版社 https://www.bnupg.com
　　　　　北京市西城区新街口外大街 12-3 号
　　　　　邮政编码：100088
印　　刷：北京盛通印刷股份有限公司
经　　销：全国新华书店
开　　本：730 mm×980 mm　1/16
印　　张：8
字　　数：112 千字
版　　次：2025 年 3 月第 1 版
印　　次：2025 年 3 月第 1 次印刷
定　　价：98.00 元

策划编辑：刘东明　　　　　责任编辑：李春生
美术编辑：王齐云　　　　　装帧设计：王齐云
责任校对：段立超　　　　　责任印制：赵　龙